新师范建设岭师密码丛书·教学新势力研究

JIAOSHI SHEHUI XINTAI DE KUNHUO YU DUICE

教师社会心态的困惑与对策

王林发　张清华　著

河南大学出版社
HENAN UNIVERSITY PRESS

· 郑州 ·

图书在版编目（CIP）数据

教师社会心态的困惑与对策 / 王林发，张清华著
. -- 郑州：河南大学出版社，2022.12
　　ISBN 978-7-5649-5386-7

Ⅰ.①教… Ⅱ.①王… ②张… Ⅲ.①教师－心理健康－健康教育－研究 Ⅳ.①G443

中国版本图书馆 CIP 数据核字（2022）第 256121 号

责任编辑　赵海霞
责任校对　张玉梅
封面设计　马　龙

出版发行	河南大学出版社
	地址：郑州市郑东新区商务外环中华大厦 2401 号
	电话：0371-86059701（营销部）
	网址：hupress.henu.edu.cn　　邮　编：450046
排　版	河南大学出版社设计排版部
印　刷	广东虎彩云印刷有限公司
版　次	2022 年 12 月第 1 版　　印　次　2022 年 12 月第 1 次印刷
开　本	787　mm×1092　mm　1/16　　印　张　12
字　数	176 千字　　定　价　46.00 元

（本书如有印装质量问题，请与河南大学出版社联系调换。）

前　言

教师社会心态的演变是一种文化演变的过程，是一定时期教师群体的情绪基调和价值共识的呈现，影响着教师群体的生产生活与劳动。近年来，随着社会价值的多元化发展，"内卷""佛系""躺平"等社会心态逐渐渗透到教师群体的价值认同体系中，演变为亚文化的一部分，这也意味着教师群体面临着新的困境与挑战。

在亚文化影响与社会发展进程加快的冲击下，教师社会心态逐渐产生失衡状态，具体表现在职业心态与价值认同、社会要求与自我获得等矛盾上，深刻影响着教师群体的日常工作和生活。因此，教师社会心态问题引起了社会的广泛关注与讨论。面对社会的转型与多元化的现状，教师群体在日常工作和生活中如何选择自身的价值理念？如何理解自身价值存在？他们的社会心态演变规律是怎么样的？具有什么表征？如何理解教师群体心态和帮助他们脱离困境？这些无疑是重新认识和研究教师群体社会心态需要思考的问题。

为应对亚文化对教师群体价值认同的影响，深入了解教师群体面临的困境，我们课题组对教师社会心态问题开展了一系列深入调研和研讨。在分析我国教师社会心态的演进、社会心态失衡的表征与深层原因，以及教师的身份实践、价值实现矛盾的基础上，为研究多维复杂的教师社会心态问题提供分析的思路框架，并针对性地从教师个体、学校及社会多个维度提出改善的方法和建议。

课题组常常深入一线教育工作者中，与不同地区、不同年龄段的教育工作者进行充分的交流与讨论，深入地了解并描述他们的心态与价值认同，陈述其真实的生活欲望与工作现状,从叙事的视角展现教师个体的鲜活思想,呈现教师群体社会心态的具象,以期为呈现教师社会心态问题现状、转变教师社会心态提供参考和思路借鉴。

目 录

第一章 绪论 1
 第一节 前奏：社会心态变迁，一种文化演变现象 1
 第二节 新趋向：多元共存 6
 第三节 教师社会心态：截然不同的价值理念 9
 第四节 一种现象：社会心态变迁规律的表征 14
 第五节 一种尊严：关于自我实现 17
 小　结 27

第二章 文献回顾与理论框架 29
 第一节 文献回顾：社会心态演进 30
 第二节 理论框架：社会心态失衡的表征与深层原因 49
 小　结 54

第三章 研究目的、准备与伦理 56
 第一节 研究目的与问题 56
 第二节 研究准备与步骤 58
 第三节 研究伦理与方法 67
 小　结 72

第四章 样态与成因分析：当下教师的身份实践 73
 第一节 无所谓：当下教师的作与为 74
 第二节 看淡：算了、也行、再说吧 86

　　　　第三节　身份认同：转化心态的第一道坎 …………… 99
　　　　小　　结 …………………………………………………… 107

第五章　角色、工作与生活环境 …………………………………… 110
　　　　第一节　心态深描 …………………………………………… 112
　　　　第二节　价值深描 …………………………………………… 124
　　　　第三节　生活欲望表征 ……………………………………… 134
　　　　第四节　教师价值实现的路径 ……………………………… 138
　　　　小　　结 …………………………………………………… 144

第六章　职业心态与流动意向 ……………………………………… 146
　　　　第一节　无欲无求：社会压力的应对 ……………………… 147
　　　　第二节　"随缘"：降低期待的自我麻痹 ………………… 152
　　　　第三节　人往高处走：让流动合理流动 …………………… 157
　　　　小　　结 …………………………………………………… 161

第七章　"伪超脱"：自我获得的另类方式 ……………………… 163
　　　　第一节　低欲望：社会现实问题的规避 …………………… 164
　　　　第二节　低姿态：掩耳盗铃式的个体认同 ………………… 175
　　　　第三节　直面教学生活世界 ………………………………… 177
　　　　小　　结 …………………………………………………… 183

后　记 ………………………………………………………………… 184

第一章 绪论

第一节 前奏：社会心态变迁，一种文化演变现象

党的十九大报告指出，要"加强社会心理服务体系建设，培育自尊自信、理性平和、积极向上的社会心态"。社会心态是在一定时期内存在于整个社会或者社会群体中的一种社会心理状态，是整个社会的情绪基调、社会共识和社会价值观的总和。总体而言，我国社会发展过程中所呈现的社会心态是积极的、向上的，与此同时一些消极社会心态显露出来了。社会心态作为社会文化的一种浅层次表现，有着情感色彩、情绪能量。当这种情感色彩、情绪能量是积极向上的时候，将在全社会范围内发挥积极作用，使社会成员的生产生活变得更富有主动性、上升性、进步性，反过来又促进社会心态继续发展，形成往复迭代。[①]

这是从 2021 年 11 月 17 日《中国社会科学报》上摘取的文章片段。

社会心态这一概念，随着社会经济文化的发展而发展，它是"社会中多数成员或占一定比例成员表现出的普遍的、一致的心理特点和行为模式，并构成一种氛围，成为影响每个个体成员行为的模板"[②]，是透视和观察社会

[①] 王新想.社会主义核心价值观引领和优化社会心态何以必要[N].中国社会科学报，2021-11-17（011）.

[②] 王俊秀.社会心态：转型社会的社会心理研究[J].社会学研究，2014，29（01）：104-124+244.

状况的"晴雨表"和"风向标"。① 由于社会心态在不同时期会受到特定社会环境、文化的影响，因此其处于动态变化与发展之中，学者高文珺认为社会心态的核心特点可总结为宏观性、变动性和涌动性②，这表明社会心态具有一定复杂性。

大约从五年前开始，一些不健康的社会心态滋生，主要表现为逃避现实、孤独焦虑、安于现状、随波逐流等。这与社会亚文化有着密切的关系。随着亚文化的出现，"佛系文化"的走红，带来了得过且过、顺其自然、不争不抢、随心所欲的随性语言习惯和生活习惯，佛系心态就是其中一个典型——"也行、算了、再说吧"等不健康观念进入一些教育工作者的工作、生活与社交中，主要表现为缺乏奋斗的动力，习惯用"超然"的态度看待工作，抱有不论成败、无欲无求、顺其自然的待人处事态度。这些，也在教师群体中存在。

社会心态的变迁能反映出社会文化的改变。社会心态变迁引起了许多关于社会文化的讨论，尤其是心理状态的"无欲无求"。上述文章片段无疑反映出了当前社会对此的关注。到目前为止，我们才意识到社会心态对人的心理、情绪及行为具有重要的影响作用，它竟然可以改变人们以往的工作态度、社会情感以及社会行为，并衍生出一系列对事物新的反应。可以说，社会心态变迁是一种文化演变现象，它折射了在某一时期，人们特定的生活、工作与价值观念，并以一种悄无声息的方式渗透人们的真实工作和生活情境的方方面面。

目前，除了社会的主流文化外，社会大众也开始围绕着"内卷""佛系""躺平""内耗"等亚文化在社会心态问题上进行激烈的争论。这种讨论源于我国积极向上的主流文化与亚文化的不同理论与实践，又深受转型期社会文化发展变化的影响。随着我国社会文化的不断发展，社会文化、

---

① 高文珺. 大数据视野下的社会心态研究：基于复杂性理论与计算模型的探讨[J]. 新视野，2017（6）：98-104.

② 高文珺. 大数据视野下的社会心态研究：基于复杂性理论与计算模型的探讨[J]. 新视野，2017（6）：98-104.

环境变得复杂之时，社会心态将会被赋予新的文化内涵，折射出社会文化的变迁，学者们在这个问题上评价各异。

大多数学者持有悲观的观点，认为"内卷""佛系""躺平""内耗"的社会心态直观反映了青年的奋斗动力存在过度或不足的现象，影响青年理性奋斗精神的养成，这类消极的"躺平"折射出青年群体存在信仰危机与精神懈怠的潜在危机，必须提前预警和及时引导。[①] 这些社会心态如同一条界线形成对立的局势，在一定程度上对主流文化与价值观起到抵抗的作用，并且这种"抵抗"体现在社会的各个方面，在就业方面尤为突出。[②] 在此类的分析中，这些社会心态要么被归结为奋斗精神的缺失，要么被认为与积极向上的主流文化相抵抗。

科塞等在谈及这些社会心态时，提出了与其他学者不一样的看法，表示较为乐观，打破了当前社会大众对诸如"内卷""佛系""躺平"等社会心态固有的理解。例如，此类社会心态充当了社会"安全阀"的作用，安全阀有利于社会中的群体宣泄敌对情绪，通过"阻止其他方面可能的冲突或通过减轻其破坏性的影响"，有利于社会系统的运行。[③] 也有学者认为，对待社会负面心态的正确态度，"不是强行遏制它的产生、否定它的存在，是要允许它在一定范围和程度存在，从而宣泄民众对于社会矛盾的不满，释放可能的社会冲突的潜在能量，化解社会稳定与发展的隐患"[④]。再者，看似最为超脱的各种"佛系"用语，表达的也并非真正的佛教修为，是人们在社会压力、消费文化和媒介影响下所采取的一种存在主义姿态。[⑤]

把社会心态看成"安全阀""风向标"的一个前提是驱动因素，即社会文化因素和自身因素，同时，又因为它受到社会文化、个人的影响，所

---

① 覃鑫渊，代玉启."内卷""佛系"到"躺平"：从社会心态变迁看青年奋斗精神培育 [J]. 中国青年研究，2022（02）：5-13.
② 张萌.亚文化谱系中的"佛系"网络流行语研究 [J]. 中国青年研究，2018（08）：32-37+63.
③ 科塞. 社会冲突的功能 [M]. 孙立平，等，译. 北京：华夏出版社，1989：33.
④ 胡红生. 社会心态论 [M]. 北京：中国社会科学出版社，2011：287.
⑤ 宋德孝.青年"佛系人生"的存在主义之殇 [J]. 中国青年研究，2018（03）：41-45.

以必然体现出社会群体的心理状态、情绪基调，又反映出个体的精神趋向。有学者认为经济因素和文化因素不直接产生社会心态，但会影响社会心态，社会心态的产生更多是社会群体内部在社会活动中自发涌现的精神趋向。[①]与此同时，有学者对社会心态做进一步阐述，社会心态产生于个体的心理状态，以群体的方式存在，能影响到社会上其他个体的行为模式、价值观、价值取向、思想或精神状态等方面，最终能影响到整个社会的状态。[②]这种观点在我国引发了大众对社会心态变迁现实根源的广泛关注。有学者提出应密切关注大众的社会心态，并用主流文化引领价值观。[③]学者刘博、董倩倩所做的研究则让我们首次较为全面地看待人们社会心态的变迁。他们将社会心态描述为一种社会信号和社会能量，它受到社会结构与文化传统的制约，反映的是一种社会态度，存在正负两个方面的表现，具有明显的社会性效果。[④]

我们可以看到，在这些讨论中，学者对社会心态作为社会"风向标"的理解较为片面，他们消极地认为社会心态变迁将带来严峻的社会风险，或是乐观地认为社会心态变迁是不同时期人们释放自我情绪的方式。对于这些观点，我们认为，恰恰是讨论教师社会心态困惑与对策最重要的基础。社会心态是社会心理的存在方式，它和社会治理有着紧密耦合关系，社会心态是社会治理的"风向标"和"晴雨表"，是社会现实的折射，亦是社会成员心理态势的反映。[⑤]周鹏宇、王翠芳的观点对本研究而言，是一个很好

---

① 武晓辉.系统科学视域下的社会主义核心价值观大众化研究[D].太原：太原科技大学，2019.

② 胡维芳，刘将，WANG Yu.我国青年社会心态影响因素分析：基于CGSS2015年调查数据的分析[J].青海社会科学，2021（06）：128-134.

③ 孟丽.乡村振兴战略下社会主义核心价值观乡村传播研究[J].宿州学院学报，2022，37（01）：18-21+53.

④ 刘博，董倩倩.情境结构与动力机制：青年群体社会心态的网络表达[J].中国青年研究，2021（10）：93-102.

⑤ 周鹏宇，王翠芳.在社会治理创新中加强社会心理服务体系建设[J].中共山西省委党校学报，2019，42（6）：84-88.

的开始，让我们审视现有的研究观点，重新整理研究思路，调整研究框架。

根据我们的研究，学术界关于社会心态的理解与社会中的教师群体自身的经验、感受方面是存在偏差的——前者希望能优化社会心态与促进社会心理走向良性发展，但后者并不认为这是他们最关注的事情。部分教师较少从宏观角度去考虑，他们更多是关注自身意识、情绪、价值。从他们的叙述中，我们可以得知，他们认为社会心态对自己从事的职业影响较为深刻，不仅反映在工作态度上，而且体现在其职业行为上。在这种情况下把部分教师群体社会心态仅看成全体教师的心理趋向，可能会忽视其他教师对真实世界的感受与理解。目前，我们面临的关键问题是：教师总体社会心态良好，但也有值得改善的地方，面对复杂的生活世界，部分教师的社会心态呈现矛盾融合发展的态势，他们会如何选择？是奋进抑或逃避？社会心态变迁如何成为一种文化演变现象？它是如何反映出当前社会存在的主要问题的？

这就是本研究的起点，一个关于社会心态调整的问题——教师如何看待自己的社会心态，又希望获得外界何种支持与帮助？我们认为，这是我们理解他们日常教学工作态度与生活观念的重要基础。我们在为教师社会心态面临的困惑做出定义和提出应对策略之前，应尝试站在这些教师的角度，分析其所处的社会文化、政治、经济等环境。所以，我们认为十分有必要重新思考社会心态变迁问题，正如刘博、董倩倩所说的，我们需明白：在一个社会事件中表达出的社会情绪及心态往往包含了个体、群体以及地域性、文化性和制度性的多种复杂性因素，应该从心态形成的具体情境结构以及传播过程中的情绪表达机制去探寻原因。[①]

---

① 刘博，董倩倩.情境结构与动力机制：青年群体社会心态的网络表达[J]. 中国青年研究，2021（10）：93-102.

第二节　新趋向：多元共存

研究基于我们在 2020 年至 2022 年期间在湛江、茂名、阳江、揭阳、河源、汕尾、清远等地开展教师群体社会心态的调查研究，其中多是对这些地区的教师群体进行访谈，收集了一些相关的资料。这些城市位于粤东西北地区，属于经济欠发达地区，它的生活环境、经济地位与社会文化使社会心态呈现出新趋向。本节将从社会文化的多样化发展、社会文化发展对粤东西北地区的现实影响以及社会心态的发展呈现多元化趋向来展开阐述。

一、社会文化的多样化发展

英国人类学家泰勒将社会文化界定为，它是个复合的整体，包含知识、信仰、艺术、道德、法律、习俗和个人作为社会成员所必需的其他能力及习惯。① 由此可见，社会文化是社会成员在由自由人变成社会人过程中的一种创造，也是社会不断发展带来的产物。社会文化不仅能影响社会的发展，而且指导着社会成员的知情意行。社会文化可以分为主流文化和亚文化。其中，主流文化是指社会主义核心价值观、马克思主义意识形态、中华优秀传统文化等符合社会大众的，具有促进社会发展的，能够创造健康向上的社会环境的，引领主流价值的文化。而亚文化又称集体文化或副文化，是指与主流文化相对的，非主流的、边缘的、局部的文化现象，与主流文化既矛盾又相融互补，并与主流文化一同构建整个社会的文化。②

当前，随着经济与网络媒介的不断发展，社会文化的交流越来越频繁，这使得人们有更多的机会去认识和了解新的文化，其原有的思想观念开始有了变化。与此同时，在社会复杂环境与激烈竞争的背景下，我国逐渐涌现出了"佛系""躺平""摸鱼"等消极逃避的亚文化，这些文化正在快速

---

① 泰勒. 原始文化 [M]. 杭州：浙江人民出版社，1988：1.
② 马俊. 媒介迁徙：青年亚文化新场景与移动媒介的多维关系 [J]. 编辑之友，2020（07）：69-73.

嵌入人们的日常工作与生活中。可以说，"佛系""内卷""躺平""摸鱼"等亚文化的出现，给我们的主流文化带来了一定的冲击，造成了多种文化观念之间的碰撞，产生了多样化的社会文化发展局面。人们普遍以包容的心态去接受这些文化，这一现象促使社会文化开始以高速、融合、互动的方式进行传播，社会文化进入了多样化发展的快车道。

二、社会文化发展对粤东西北地区的现实影响

珠江三角洲位于广东省中南部，包括广州、佛山、深圳、珠海、东莞、江门、惠州、肇庆等9个城市，从改革开放以来得到快速发展，成为全球具有影响力的先进制造业基地和现代服务业基地。[①] 同时，由于受到改革开放的影响，目前珠三角地区已成为我国人口聚最多、创新能力最强、综合实力最强的三大区域之一。[②] 相较于珠三角地区，粤东西北地区则与其存在较大的差距，不仅地理位置落后，并且经济欠发达，综合实力也远远落后于珠三角地区。"全国最富的地方在广东，最穷的地方也在广东"一语则道出了广东区域发展不平衡的严峻形势。据广东省统计局2019年的统计数据显示，珠三角面积占全省的31.2%，GDP却占全省的80.7%，而粤东西北地区面积占68.8%，GDP仅占全省的19.3%。人均GDP最高的深圳市（203 489元）是最低的梅州（27 096元）的7.5倍，最高的深圳市南山区（393 918元）是最低的梅州五华县（14 253元）的27.6倍。从这样的社会环境中，我们可以窥见粤东西北地区的发展条件及动力不容乐观。

研究表明，粤东西北地区社会风气存在改善不足的现象，其主要原因在于粤东西北地区教育相对落后，青壮年外出务工人数较多，留守农村的人口以老弱病残为主，思想观念比较保守，社会风气比较守旧。[③] 在这种社

---

① 庞华，许悦，苏依格等.基于地域文化的会展业创新发展研究：来自珠三角的调研与实证分析 [J]. 改革与开放，2017（17）：80-82.
② 蒙强.新时代粤东西北与珠三角文化创新比较研究[J].清远职业技术学院学报，2018，11（03）：40-43.
③ 甘阳英，肖广江，刘晓静等.珠三角与粤东西北地区乡村振兴的调查与启示[J].热带农业科学，2022，42（06）：116-120.

会背景下，社会主流文化的影响力没有乘势而起，反而日趋式微。近几年，随着信息技术的进步以及社会文化的多样化发展，"内卷""佛系""躺平"亚文化的流入，对大众的社会价值观造成了一定的影响。对于粤东西北地区的教育工作者而言，这些多元的文化在无形中加剧了人们对奋斗意义的怀疑，萌生少竞争，无欲无求、顺其自然的想法。显然，社会文化发展对粤东西北地区造成了一定的影响，容易使其陷入发展困境，需引起我们的重视。

三、社会心态的发展呈现多元化趋向

应该高度重视社会心态的时代走向和发展，"加强社会心理服务体系建设，培育自尊自信、理性平和、积极向上的社会心态"。[①] 社会心态作为社会大众心理状态和社会问题的集中反映，关注他们社会心态的动态趋向，无论是对于社会心态研究的理论研究还是实践探索，都具有极大的现实意义。

有学者认为，社会心态的产生不是单维度的，一种社会心态的滋生自然伴随着其他一种或多种社会心态的萌发。[②] 当前，多样的社会文化带来了多样的价值观念，导致社会心态在发展变化的过程中逐渐呈现出积极向上的社会心态与消极逃避的社会心态共存的趋向。一方面，随着社会的高速发展，人们的生活被迫进入快节奏。为此，社会成员需要在工作和生活上花费更多的时间与精力。社会运行速度的加快，也导致人们产生害怕被生活抛弃的想法，纷纷体验到"加速的力量不再是一种解放的力量，而是成为一种奴役人们的压力"[③]。这使得人们的奋斗与进取意识有所增强。另一方面，互联网的发展以及诸多因素的综合作用，拓宽了社会群体接受社

[①] 王俊秀.社会心态蓝皮书：中国社会心态研究报告（2017）[M].北京：社会科学文献出版社，2017：5.

[②] 彭陈.新时代青年社会心态的主要形态、形成机理与哲学思辨[J].佳木斯大学社会科学学报，2020，38（01）：72-76.

[③] 哈尔特穆特·罗萨.新异化的诞生：社会加速批判理论大纲[M].郑作彧，译.上海：上海人民出版社，2018：110.

文化的渠道，但是网络上流行的关于"佛系"无欲无求，顺其自然的态度，"内卷"体现出人们对自身成长的焦虑，"躺平"传递出颓废、逃避现实的享乐观念，影响着人们对于原有价值观念的理解。由此，极易导致社会心态的发展趋向于多元化，即呈现出担当、焦虑与逃避的心态交织碰撞，奋进、不安与堕落的人生态度共存的局面。

第三节　教师社会心态：截然不同的价值理念

近年来，我国教师群体的社会心态虽然总体上保持良好和向上的特征，但是需要引起我们重视的是，伴随着社会发展进程的加快，社会压力变大，部分教师开始遇到了专业成长瓶颈。尤其是在中国城乡差距扩大后，这种情况越来越明显，教师群体的社会心态出现了失衡现象。粤东西北地区教师的发展与其他地区教师之间的发展差距也逐渐被拉大，造成这样的原因是多方面的。本节将从社会环境、社会认知、社会情绪、获得的社会支持以及工作投入与行为选择等方面来阐述粤东西北地区教师群体的社会心态所呈现出的截然不同的价值理念。

一、社会环境

就社会环境方面而言，粤东西北地区的农村集体经济薄弱，劳动人口大量流向珠三角一带，基础设施比较差，实地调研中发现一些村道没有硬底化，个别村没有学校，上学路途较远。[①] 与此同时，粤东西北地区的经济发展滞后于发达地区，生活条件较为艰苦，交通不便，所拥有的基础的教育资源与卫生医疗条件也较少。可见，粤东西北地区硬件设施不足与人口流失是造成这种发展差距的重要原因之一。另一重要原因在于，粤东西北地区的人才队伍建设工作处于两难境地：人才引进方面，无法与发达地区

---

① 甘阳英，肖广江，刘晓静等.珠三角与粤东西北地区乡村振兴的调查与启示[J].热带农业科学，2022，42（06）：116-120.

尤其是珠三角地区竞争；人才培养方面，内部培养的人才流失严重。① 此外，粤东西北区域与珠三角地区之间的类城乡结构二元差异现象既表现为自然空间结构的地理差异，也表现为产业结构和经济结构的发展差异，更表现为世界经济大潮、国家发展大势、经济政策主导、制度设置及机制导引下的机会差异。② 这些现实导致粤东西北地区的发展条件显得更加薄弱，教师群体在面对这样的社会环境时，容易思考自身的发展机会，进而呈现不同的价值理念，表现出焦虑、不安的社会心态。

《中小学教师社会心态现状及其调适对策研究：基于 H 省的抽样调查》一文显示，近年来，我国教师的工资在持续上涨，国家也出台大量政策保障提升教师的待遇福利，但教师对此满意度并没有提高，因为教师的收入与付出的劳动相比并不能令教师感到满意，主要体现在教师所处的环境里，各级各类部门的许多例行工作都开始以任务的方式布置到学校，并且要进行检查和监督③，导致教师除了参与教育教学工作外，还需要花费大量的时间与精力去处理这些外来的任务。与此同时，伴随着互联网信息技术的发展，微博、微信、抖音等自媒体的出现，加速了社会文化的传播，部分教师在海量的、多元的网络信息中开始失去理性判断的能力，出现盲目认同、跟风的社会心态，给教师群体带来了不一样的价值理念。

二、社会认知

"社会认知"是指建立在利益基础之上的、对于社会性事务所进行的感知、记忆、理解、推理、沟通和协商的过程。④ 不同教师个体的利益和出发点不同，其社会认知难免不同。就社会认知方面而言，教师的社会认知与教师的社会心态有着密切的联系，影响着其教育教学工作的有序进行、自

---

① 杨梁.粤东西北地区高校人才流失的特征、根源及对策[J].广东石油化工学院学报，2022，32（03）：82-85.
② 冯洁.广东农村扶贫治理的时代逻辑与实践进路[J].探求，2022（01）：37-44+64.
③ 程少波.中小学教师社会心态现状及其调适对策研究：基于H省的抽样调查[D].武汉：华中师范大学，2020.
④ 邵志芳，高旭辰.社会认知[M].上海：上海人民出版社，2009.

身的专业成长乃至学生的未来。相关研究表明，当教师感知自己能够更好地发挥主观能动性时，他们就更加倾向于把教学当作一种职业而不是一份工作，从而对自己的职业身份塑造和专业发展带来积极影响。[①]实际上，教师群体的社会认知比想象中的复杂，它受到了诸多因素的影响。教师的身份认同、归因倾向、过高或过低的期待等都会导致其对工作的态度、对待困境的处理方式有所不同。

同时，根据群际认知的自我归类理论，教师如果对自己的身份产生了强烈的认同感，就会对照公认的教师形象，并按社会普遍认可的规范不断修正自己的行为。我们在研究中发现，粤东西北地区的教师的社会认知主要体现在其对社会地位认知、对外界期望的认知、对自身发展的认知三个方面。教师群体的社会心态也受到这些社会认知的影响，在本书中我们将着力阐述粤东西北地区教师群体社会心态陷入了进退两难的境地：一方面，粤东西北地区的发展条件与机会令他们想提升自我，进而流动到发达地区抑或在原有的岗位上发光发热；另一方面，当前随遇而安、顺其自然的价值观念让这部分群体进入"佛系""躺平"的队伍。令人深思的是，截然不同的价值理念如何在这样的困境中成为教师群体的"恰当"选择。

三、社会情绪

当前，教育教学内在的社会性和交际性使得压力传递和情绪困扰成为一种隐性的必然存在，并直接指向教师群体无法回避也无法直面却又真实存在的"隐性"能力——社会情绪能力（Social and Emotional Competence，简称 SEC）。[②]对教师群体而言，在社会情绪的推动下，影响到的不仅是教育教学工作，而且关乎其与学生、家长、同事、领导和谐友好社会关系的建立。正向、理性的社会情绪犹如和风，能引导公众理性看待个体事件，

---

① Priestley. M.，G.Biesta&S.Robinson.2015.Teacher Agency: An Ecological Approach [M]. London & New York: Bloomsbury.

② 许苏，王佳，李丹.中小学教师社会—情绪能力的模型建构与问卷编制[J].现代基础教育研究，2021，44（04）：76-84.

促进事件得以妥善解决；而负向、偏激的社会情绪则犹如飓风，会导致消极舆论进一步发酵、扩散，从而影响个体事件的有效处置。[①]

王俊秀认为，社会情绪与个人情绪密切相关，个人情绪可以影响到他人的行为、思想和情绪，这一影响过程可以在多人间交互产生并不断增强。[②]这表明社会情绪产生于个人情绪的基础之上，并体现出一定的群体性特征，对个人的社会心态，乃至社会发展都具有极大的影响。这正如肖绍娟所说的那样，社会情绪是社会心态发展趋向的重要表征，具有强烈弥漫性的社会情绪影响着社会政治、经济和社会稳定，培育积极健康的社会情绪是新时代社会发展的重要任务。[③]并且，教师的职业特点和要求决定了教师必须是高情绪工作者，需要在教育教学活动中投入和表露更多的情绪，需要教师长期保持情绪稳定、精神饱满，始终表露一种和蔼可亲、蓬勃向上、愉悦快乐的情绪。[④]在社会情绪的形塑下，教师群体需要正确地表达自己的情绪，更好地解决社会情境中存在的问题。与此同时，在粤东西北地区教师群体中，尤其是男性教师，相较于女性教师而言，他们面对着更高的社会情绪要求，一般以较强的形象出现在人们的视野里。当这部分教师群体出现负面情绪时，他们往往是靠自我排解、自我忍受等方式来应对，较少会通过向他人吐露心声来寻求帮助。可见，男性教师群体在教育教学工作中受到的情绪压力更大，面临的社会心态选择更为困难。

四、获得的社会支持

粤东西北地区的教师群体在面对复杂的社会环境、模糊的社会认知、

[①] 马李芬，姜春悦，黄跃明.网络空间社会情绪监测与引导方略探析：以防范个体事件演变成群体性事件为视角[J].福建警察学院学报，2021，35（02）：33-40.

[②] 王俊秀.新媒体时代社会情绪和社会情感的治理[J].探索与争鸣，2016（11）：35-38.

[③] 肖绍娟.新时代积极社会情绪的生成机制与培育[J].黑河学院学报，2021，12（04）：80-83.

[④] 张雪勤，刘亚利.教师情绪劳动研究综述[J].教育与教学研究，2014，28（10）：28-30.

高要求的社会情绪之外，还要忍受较少外界支持的痛苦，其专业成长的稳定性受到极大的影响。当前，乡村教师专业发展的社会支持体系存在诸多矛盾，诸如支持主体的多元性与各主体支持断裂的矛盾、专业发展的系统性与支持路径不足的矛盾。

然而，就算面对这些矛盾，教师群体依然渴望获得来自外界不同层次的支持，因为当下他们的工作与生活和发达地区的教师群体相比存在着较大的差距。相关研究显示，边远欠发达地区乡村学校教师获得的社会支持相对较少，其流动性很大，"留不住"的问题依然突出。[①] 有学者认为，社会支持可以有效减弱不良事件对个体心理的消极影响，使个体保持一种良好的心理状态。[②] 基于此，如果教师能获得更多的社会支持，就能更好地缓解其心理压力。但令人忧虑的是，面对获得城乡社会支持之间的差距，教师群体持有不同的价值理念。在这种情况下，部分教师由于具有强烈的使命感，将工作与个人、社会、国家意义联系在一起，仍对这份职业产生良好的认同，愿意继续为工作努力。而部分教师依据获得的工资、社会地位、社会资源等来衡量其工作的价值，削弱了教师工作原有的意义，引发社会心态问题。

五、工作投入与行为选择

自 2018 年中共中央国务院发布《关于全面深化新时代教师队伍建设改革的意见》起，教师的地位、待遇获得了广泛关注。然而，尽管国家对教师的待遇有所上调，但是粤东西北地区教师薪资待遇的整体水平仍与其他发达地区的教师工资存在较大差异，并且跟不上当前社会经济的高速发展，对教师群体而言，与自己的职业理想待遇还存在一定差距。部分教师反映其正面临着物质保障不足、社会地位低、工作负担重等多重困境，这种投

---

① 马香莲，邵怡雯.乡村教师社会支持身份从"接受者"到"给予者"的转变[J].教学与管理，2022（12）：50-54.

② 陶裕春，申昱. 社会支持对农村老年人身心健康的影响[J]. 人口与经济，2014（03）：3-14.

入与产出的失衡，导致其获得感低下，职业倦怠感强，离职意向高。[①] 与此同时，教师的年龄和家庭牵绊也是影响其工作投入与行为选择的重要因素。受到这些因素的限制，教师群体的工作投入与行为选择成为其价值理念最直接的体现。

于是，在教育教学工作投入与行为选择方面，粤东西北地区教师的价值理念开始出现分歧，呈现出较为茫然的状态。一方面，他们想要实现自己的教育理想，认为积极工作、努力奋斗、充满热情的表现能让这份职业变得更有意义，尽管如此，他们能获得的发展机会依然很少，但他们也深知不在工作上有较大的投入，不付出实质性的努力，就根本看不到提升发展的希望；另一方面，他们对"佛系""躺平"的说法抱有模糊的认识，认为顺其自然、随遇而安、满足现状反而容易降低对自身的发展期待，较少的工作投入，也可以缓解疲劳，更容易让自己的生活过得舒心。从某种程度上来说，部分教师不同价值理念对于社会心态的选择体现出的是他们对当前社会现实问题的反映，也表达了他们希望尽快调整好社会心态的愿望。

我们认为，教师群体在日常的工作与生活中有自己的价值理念，对自身价值存在着不一样的理解，他们用自己认为"适合"的社会心态在这个真实的世界中工作和生活。解读教师群体的真实生活与工作图景能让我们更加细致地去感受、理解他们的社会心态。对于教师群体、社会心态的研究而言，这不仅有利于补充相关的理论框架，而且有利于把握教师群体的社会心态，促进教师的专业发展。

第四节　一种现象：社会心态变迁规律的表征

当前，人们普遍认同"社会心态是在一定社会环境影响下，对社会运

[①] 周晔.农村小学青年教师离职意向的"流"与"留"[J].湖南师范大学教育科学学报，2020，19（02）：92-97.

行、发展变迁和重大事件形成的人们的情绪情感、价值取向等方面的利益诉求和心理反应,是弥散于整个社会群体的普遍的整体思想意识,社会心态作为社会意识既是对社会存在反映,又对社会存在变化发展具有能动反作用"的观点。① 我们赞同这种观点,并且认为在相应的社会脉络下梳理社会心态变迁规律的现实表征,有利于把握当前教师群体社会心态的状况,也能更好地分析他们如何以及为何在日常工作与生活中呈现出这种社会心态。

改革开放以来,社会发生了翻天覆地的变化,我国在各方面都取得了伟大的成就,这一点尤其体现在经济建设方面。相关研究显示,中国保持了年均近 10% 的经济增长速度,人均 GDP 也从 1978 年的 200 多美元到 2012 年的 5 432 美元。② 基于中国经济总量的持续增长,到 2022 年的今天,我国人均 GDP 即将超过 12 500 美元,进入发达国家的最低线。③ 这表明,伴随着经济的持续增长,人们逐渐享受到了国家改革开放带来的红利。然而,社会经济的发展促进经济体制变革的同时,也导致社会贫富之间的差距变得越来越大,在人们身上最容易感受到的就是其社会心态的变化。

随着中国特色社会主义进入新时代,我国的社会主要矛盾也发生了变化,逐渐转化为人民日益增长的美好生活需要和不平衡不充分的发展之间的矛盾。再往后的发展,民众正在日益感受到现实物质生活的压力,物价、房价等对民众生活形成较大冲击,存在较大经济压力感的民众比例始终保持在 1/2 以上。在转型期的社会中,人们对美好生活的需要未得到满足,其社会幸福感也有待提升。这体现出,社会成员与宏观社会的联系开始凸显,人们的社会需要、社会价值观等逐渐成为社会心态变化的重要推力。在当前的社会大环境下,社会心态变迁的规律究竟是怎么样的? 它又是如何表征的?

---

① 徐平,李明."后疫情"时期社会心态变化与综合治理[J].前沿,2021(01):91-95+103.

② 庞博,管新华.社会心态变化视野下的当前党群关系[J].经济研究导刊,2014(03):186-187.

③ 吕长顺.引导民营资本走向,用制度限制权力[J].财富时代,2022(04):7-9.

近几年来，社会环境对粤东西北地区影响颇深，其中也折射出社会心态发展的普遍规律。

首先，社会心态变迁的规律表现出理性与感性交织的特质，彰显出了人们情绪表达的复杂性。一直以来，为构建健康、和谐、友好的社会环境，社会提倡的是弘扬科学精神，培育奋发进取、自尊自信、理性平和的社会心态，呼吁社会大众应以积极向上的情绪为主，但是面对转型中的社会，社会中的种种矛盾与冲突相继出现。这些矛盾与冲突开始影响人们的社会情绪，尤其是面对当前网络迅猛发展随之带来的碎片化、简单化的信息表达方式，加上其高速传播，使得不同的价值观念流入人们的视野中。这些多元的价值观念与人们原有的价值观念有的相离、有的相交、有的融合，但正是这些多元价值观念的出现，促使人们埋藏在内心深处的情绪在接受信息的过程中得到充分的延展和释放，表现出理性与感性交织的特质。例如，当人们面对社会竞争压力大、作为社会中的个体不如简单生活、顺其自然这样的信息时，人们容易受到感性情绪的支配，忽略自己作为社会个体与社会之间的联系，弱化自己的社会责任意识，产生感性情绪。但是透过这样的表象，我们不难发现，人们在对现实生活世界中的压力，是有真实的感知的，这种感性的情绪背后，实则流露出了人们对自己现有生活的反抗，这种反抗是对当前社会中的压力大还过度消费、享乐主义的拒绝，也体现对这种现实生活的无奈，此时的感性情绪升华为理性情绪，展现出人们情绪表达的复杂性。

其次，由于其情绪表达的复杂性，社会心态变迁逐渐又表现出奋斗与不安共生的状态，体现出了人们心理的双重矛盾性。这是因为在社会发展的过程中，社会比较是影响社会心态的一项重要变量。[①] 所谓社会比较是指当人们处于不确定的环境中时，为了更加了解自己的特征，采用与他人进

---

① 杨宜英，王俊秀.当代中国社会心态研究[M].北京：社会科学文献出版社，2014：53.

行比较的方式确认自己和提升自己。① 在转型期的中国社会,不仅经济发展迅速,而且信息传播的速度越来越快,社会成员选择与自身进行社会比较的对象也迅速增多。这使得人们在当前的时代,更加强烈地感受到现实生活的压力。一方面,社会的大环境鼓励人们积极进取,奋发向上;另一方面,频繁的社会比较,更让人们意识到自己需要努力奋斗,才能尽量缩小自己与他人的差距,放大了人们心中的焦虑和不安情绪。这样的状态,真实地反映了当代社会个体渴望奋斗又焦虑不安的矛盾心理。

再次,社会心态变迁规律表现出实干与逃避并存的行为倾向,凸显出社会个体目标的模糊性。实干是指务实,即脚踏实地地在自己的工作岗位上努力。我们在做调查时,发现部分教师热爱自己的工作,能够较好地完成日常工作,同时能有一颗关爱学生、乐于奉献的心,这恰恰是实干精神的一种体现。另一方面,他们虽工作认真但认为自己晋升空间不大,于是安于现状,疲于应付学习培训、学校检查工作任务、职称评聘类的竞争和一些流于形式的活动。长久以往,他们个人的成长目标趋于模糊,在自身专业成长方面出现逃避倾向。

最后,社会心态变迁规律表现出不同的层次性。也就是说,不同年龄的社会群体由于自身的教育背景、心理特征、文化背景等方面存在差异,他们对社会的认知也有所不同,导致其社会心态往往也呈现出层次性。这一点,学者陈虹在其关于社会心态的研究中也有提到,不仅如此,还介绍了社会各阶层的社会心态也有所不同。②

第五节 一种尊严:关于自我实现

关于社会心态的界定以及社会心态失衡等问题的讨论在当下备受关注。

---

① 陈虹. 微媒体化下青年社会心态变化及其引导策略探析 [J]. 思想教育研究,2015(11):89-92.

② 陈虹. 微媒体化下青年社会心态变化及其引导策略探析 [J]. 思想教育研究,2015(11):89-92.

总结上文的阐述，传统师德理念、网络大众文化影响、"佛系"与认同缺失三个视角出发的学者主要从批判社会心态问题的立场出发，研究多元化与社会心态失衡视角的学者、自我价值追求观点的学者以及其他关注个体视角的研究者则在这个问题上采用了相对开放和客观看待的角度，这与西方关注个体心理的社会心理学派观点有相似之处。这类观点将社会心态中存在的问题定义为"社会心态的失衡"。近年来，由迟云、吴大兵等学者提出的价值多元化观点，其中个体价值追求和自我意识逐渐受到学界的关注，成为社会心态研究的一个转折点。"社会心态失衡"从更具有开放性和客观性的角度囊括和界定了当下社会心态存在的各类消极现象和问题，并将被描述群体从表征的标签中分离出来，关注到个体的自我价值和自我实现的真实需求，为深入走近"失衡"群体的研究奠定了基础。

区域发展的不均衡导致不同地区教师的待遇以及社会地位等存在差距，而存在失衡社会心态的教师则更处于一个相对被动和矛盾的状态。在社会转型期的背景下，自我价值实现对于这些教师来说是难以可及的理想状态。虽然当今社会发展机遇和资源丰富，使人们的需求层次得以逐渐提高，即使是出于社会阶层较低的群体也可以有机会得到更多的发展可能。但在社会大环境和主流意识认同的压力下，个体的自我价值实现仍然得不到足够的资源支撑。当不堪压力重负、无力反抗理想与现实差距的打击时，这部分教师甚至无力长久维持基本层次的需求，从而逐渐陷入社会心态失衡状态当中。然而，心态失衡的教师是否真的不再有自我实现的需求和渴望？他们又通过什么样的方式去填充这部分缺失的需求？我们在研究中遇到存在各种心态的教师，不仅有焦虑、"佛系"，也有急功近利等社会心态的教师，他们面临社会心态失衡时经历了哪些挣扎和尝试？除了认知和价值取向，还有哪些研究思路可以更好地帮助理解他们的境况？

在探索自我价值实现过程中，我们不可忽略影响教师自我发展的外部驱动与内部驱动两种动力因素。从外部驱动自我发展的因素来看，冯金山等认为当下的课改形势、政府政策投入、学校管理和支持系统、收入以及社会评价等因素都会对教师的自我发展产生影响，而外部动力也不应只是外部的压力，更应该是一种来自外部的有力支持。[①]同时，这些外部因素包含了社会对教师的评价和认可程度，在很大程度上影响着教师"社会自我"的身份构建与认同。吴诗源等认为，"自我"包括个体自我和社会自我，前者是个体的内部心理体验，而后者则是对社会要求的期望与反应。教师作为集体中的个人，其职业期待会受到其他社会群体以及所在集体的影响，而经济地位和社会声望这些来自外界的评价往往会直接影响教师的职业价值感和自我价值感，因此，社会接纳和外界的评价对教师的自我认同与自我实现来说仍然是一个重要的影响因素。[②]这部分研究梳理并分析了各类影响教师自我实现的外部因素，为我们清晰呈现了教师面临的外界压力与职业角色的要求。同时提出了教师个体自我价值现实的重要性，从人性化的角度出发考虑和分析了教师群体面临的困境和矛盾。基于此，我们也发现已有理论分析面临的问题，即这种"个体自我"与"社会自我"会永远处于对立关系吗？教师自我价值实现的动力会更多来源于什么？陷入社会心态失衡的教师是如何定义和选择个体价值实现的呢？

除了要考虑外界的影响因素外，要分析教师的社会心态失衡产生的原因，还需要从教师个体的内部动机等因素展开分析。在社会心态失衡的教师当中，他们对"不良社会心态"的认知是明确的，也希望成为受尊重、符合社会期望和要求的优秀教师，那是什么原因使他们对这些价值追求变得麻木和困惑，甚至消极与回避呢？如果他们意识到自身心态失衡的状况是不被认同和支持的，为什么他们仍有很大部分的人宁可被"污名化"也未能主动走出来呢？

要进一步分析这些问题，我们还需要考虑教师的个体意识与自我实现

---

① 冯金山，黄学忠．高中教师自我发展动力探源[J]．高等继续教育学报，2018，31（05）：58-61．

② 吴诗源，张雅慧，吴诗佳．影响幼儿教师自我认同的双向因素分析[J]．陕西学前师范学院学报，2016，32（02）：113-117．

等因素。这些研究的视角会与往常的研究有所不同的地方是：从更为具体真实、细微和个体的角度来展开分析，从教师群体的视角来看待社会转型时期他们面临的各种机遇和压力，以近距离的方式呈现教师的真实状况。秦平在一篇分析自我实现与职业压力应对的研究中指出，教师的自我实现是教师为实现自己的理想，不断提高自身能力，发掘自身潜力和创造力的价值追求过程。面对压力时，教师的自我期望水平和人格发展完整度会影响其自我效能感的产生和心理调节的能力。加上现代社会对教师的高期望值，自我实现程度低的教师将会面临更多的压力，从而形成反复焦虑和受打击的恶性循环。[①] 自我实现是一种成长型的需要，它能持续激励着人们向上发展，使个体对他人和社会有着更正面的看法。对于个人来说，个人发展和自我实现的动机、自我存在和看法得到环境的有效关注在其职业发展道路上不可或缺。[②] 同时，人的内在成长趋向和先天的心理需要是具有差异性的。通过归纳，Ryan 和 Deci 得出了个体的三种基本需要——能力需要、关系需要以及自主需要。这三个因素是推动个人成长、构建社会发展的必要因素，是人们体验到持续整合感和幸福感的基本需要。[③] 其中，在教师群体中体现为教师对尊重的需要和自我实现的需要，尊重需求包括对成就或自我价值的个人感觉，也包括他人对自己的认可和尊重。然而这一层次的需要是无止境的，并且只有通过自我动机等内部因素的整合才能满足。从动机上看，教师只有经历自我中心动机及群体动机之后，教师的发展逐步进入稳定更新期，才会产生利他动机。[④] 这些都需要我们进一步地结合真实

[①] 秦平.高校教师自我实现中的压力及健康教育对策[J].中国健康教育，2007（01）：61-62+68.

[②] 邹靖，王璐.英国学前教师队伍建设政策对自我实现价值取向的观照：基于《学前教育工作者战略》的解析[J].郑州师范教育，2019，8（04）：57-62.

[③] Ryan R M，Deci E L. Self-determination theory and the facilitation of intrinsic motivation, social development, and well-being[J]. American Psychologist，2000，55（1）：68-78.

[④] 郭敏.基于教师自我价值实现视角谈教师专业化[J].赤峰学院学报（自然科学版），2014，30（14）：198-199.

案例去展开分析，深入探寻教师自我实现对于教师自身的发展和教育变革的推进之间存在的联系。虽然教师的外在自我实现可以带给教师一定的成就感和幸福感，但若教师的个体自我没有得到实现，或自我价值认同没有得到满足，他们仍然会陷入心态失衡的状态中。因此，教师的自我实现不仅要考虑他们的社会角色价值，还要考虑教师的个体价值实现。在以往的探讨中我们发现，即使关注到个体发展需求的研究仍然存在分析不足和理解不透彻等问题，对于教师社会心态失衡与社会转型发展的关系，我们仍需要借助集体意识与个体意识、社会期望与自我实现等分析工具去讨论心态失衡中隐藏的问题，发掘该类教师的潜在发展动力。

当谈到教师职业时，人们往往更加倾向于关注教师职业对于社会的工具价值而忽视了它对于教师的内在价值——自我实现的价值，即"人对于自我发挥和完成的欲望，也就是一种使他的潜力得以实现的倾向"。自我实现有利于激发教师的内在动因，帮助教师发挥独特个性，化解自我矛盾，将社会价值指向转变为自我取向，从而充分发挥自己的积极性、主动性和创造性，最终达到实现自我价值与社会价值相统一的状态。[①]因此，我们在分析教师群体社会心态失衡问题的过程中，不仅要从教师的社会角色和外部要求来看待教师群体，还需要结合教师的自我实现需要、现实生活状况和不同情境下的机遇来分析和看待陷入社会心态失衡的教师。

这些研究和观点让我们看到了教师的更多层面，教师的基本需求和自我实现需求可以作为研究的重要切入口。人本主义心理学家马斯洛认为，自我实现的需要是一种最高级的需要，人们追求实现自己的能力或潜能并使之完善化。而高级需要比低级需要复杂得多，是一种使自己的价值、潜能、个性得到更充分而完备的发挥、发展和实现的自我体验和探索需求。自我实现的需要是一种重要的学习动机，是促使教师个体进行专业学习并

---

① 何玲.教师专业发展的内在动力：理性的教师职业价值观[J].科教文汇（上旬刊），2010（11）：6+36.

最终成就教师高素质发展的动力。[①]这也正是自我实现的精神内核，在社会高速发展的当下，教师自我实现的愿望也日益强烈，他们的社会认知和自我期望水平随着社会发展和教育变革转型得到了不可预估的提升。

樊浩等学者在关于教师教育与伦理的著作中深入分析了自我实现。教师的职业生涯会经历几个阶段的成长，由于职业的特殊性，他们的职业表现常常会碰壁、会失败，投入的努力也许不能在短时间内就能见效，会有付出与反馈不成正比的落差。在《教育伦理》一书中，樊浩等学者提到了关于教师自我实现的几个问题：教师应该如何正确认识自己的人生意义和价值？如何处理个体需求与社会期望之间的关系？教师的自我实现需求具体体现在哪些方面？樊浩等认为，自我实现的意向是每个人都会产生的，这种需要催生的缺乏感和主观欲求是人行动的动力来源和择取倾向。只有当自我价值与社会价值达到和谐统一的状态时，教师才能真正达到自我价值的实现。[②]在这种需要的驱动下，人们主动通过活动和行为不断满足自己的需要，当机体、心理、情感等方面的平衡得到保证后，人就会产生超越性的需要，即为自我实现的需要。[③]在社会关系与社会实践的影响下，教师需要考虑的需要层次大致可以分为物质、事业、人生价值三个方面，为了满足前两个方面的需求，教师不仅要学会处理好社会利益关系、在工作中尽职尽责，还要努力实现自我价值需要与他人、社会的价值需要相互融合统一。在此基础上，才能进而考虑自身的人生价值需求。[④]教师为了自我实现，只有不断地成长和奋斗，在无数大大小小的挫折与困惑中追寻自我与社会关系的平衡。

樊浩等学者运用生命价值维度来分析教师教育人生的深刻意蕴：教师有自身的需要和追求，他们希望能通过自己的方式在职业生涯中找到并实

[①] 冀肖力.自我实现的教师素质培养模式构想[J].徐州师范大学学报（教育科学版），2011，2（01）：30-32+47.

[②] 樊浩等.教育伦理[M].南京：南京大学出版社，2000：193.

[③] 同上，194.

[④] 同上，197.

现自我人生的价值[1]，对抗现实生活中的各种困惑和打击。这种需求在每个人身上的体现会有千差万别，但都是教师自我实现意识觉醒的表现。面临社会剧烈变化的挑战，部分教师会受到市场自身弱点的影响，衍生出享乐主义、急功近利等消极的社会心态，这是他们内心对基本需要满足的一种投射，是自我追求强烈愿望带来的失衡状态，这让他们面临师德规范挑战的同时，也为他们自我实现和超越提供了契机。[2]教师在事业中不仅是奉献，而且是在奉献中不断完善和发展自我，教师面临的社会心态失衡状态是当下的一种来自时代和职业发展的考验，它并不代表着这部分教师永远的状态，而更像是一种对教师和社会发展的提示。教师在教育生涯中会遇到纷繁复杂的矛盾和问题，个体与社会、事业与家庭、需求与责任等等，需要教师与社会的共同努力，克服在教师职业发展和教育变革中的一道道难关，而这些难关在教师群体的反映以社会心态的差异体现出来。[3]

在《教育伦理》一书中，樊浩等学者将自我实现作为教师实现教育人生的动力来源，驱动他们追求现实的和理想的各种需要，在结合马斯洛的需要层次理论的分析中，他们把自我实现的需要从心理范围的探讨中延伸出来，分析了人心理发展的社会性，将外界的影响与内在的动力相互联系起来透视教师的人生发展动力。教师职业的特殊性决定了教师不能停留在单纯维护自我生成的需求层面，他们被要求不断地创造和探索新的自我，创造更多的社会价值，因此教师在自我基本价值的追求，如渴望薪酬待遇更高等需求是合理的，但他们离不开社会价值，要实现自我价值的前提是达到自我价值与社会价值的统一。[4]因此，当下教师群体要达到社会心态的平衡状态，仍需要努力实现自身的社会价值，满足自身的基本需要，这种困惑和迷茫的状态似乎并不能通过某一方面或一种方式就能够很好地解决。

---

[1] 樊浩等.教育伦理[M].南京：南京大学出版社，2000：198.
[2] 同上，206.
[3] 同上，213-214.
[4] 同上，198.

樊浩等学者的著作让我们从人生的意义追求以及人与社会关系的视角看到教师面临的困境和挑战，要真正做到个体价值与社会价值的平衡，实现自我超越和实现，就需要做出无法预估的努力和尝试，这也是教师面临的现实问题。身处社会转型与教育变革浪潮中的教师会遇到哪些挑战和矛盾？他们是如何在努力中争取自身的话语空间与自我认同的？我们希望能从樊浩等学者的研究中延伸到教师的自我实现与自我认同问题的讨论，以社会心态失衡的教师为例，从另外一个开放和微观的视角去探寻他们为了实现自我价值和争取自我认同做出的努力和反应。自我认同和自我实现的需求是如何改变传统教师群体的自我意识和社会认知？我们希望不仅能从外界评价、社会期望的视角来分析教师社会心态问题，而且加入个体意识、自我认同、自我实现、社会认知等因素去展开社会心态失衡问题的分析。

学者薛剑刚指出，健全的社会职能在于促进普遍的自我实现，高层次的自我实现不仅有助于个体发展，同时也具有很高的社会价值。[①]在他看来，做"自我"的人是自我悦纳、自我负责的人，教师对自己内心世界的了解与对学生内心世界的探索是相互作用和相互影响的。通过自我实现的分析，他把教师个体的追求与社会责任联系起来，个体自我和社会自我是个体价值中不可分割的组成部分，教师既要做有为的人，把工作和教育教学与自己的理想抱负融合起来，规划好自己的教育职业生涯，在专业发展中不断发掘自己的潜能，在事业中努力获得尊重感，实现社会价值。同时，教师要向内探索，学会思考和探寻自己真正需要什么，是一个什么样的人，在真正成为一名教师的同时也逐渐成长为一个"自我"的人。[②]

薛剑刚关于自我实现的观点与樊浩等学者的理解有相似之处，也有他自身的独特理解：樊浩等学者在强调自我价值实现的同时，更加强调个体的社会价值，认为要达到自我实现就需要努力达到自我价值与社会价值的和谐统一；薛剑刚在这一观点的基础上，更多地把教师的自我实现与社会

[①] 薛剑刚. 教师的自我实现[M]. 北京：语文出版社，2007：14.
[②] 同上，15.

价值的初期探索相互分离开来，他从一种中华传统文化思想的视角切入，将自我实现定义为一种自我完善和修身的方式，与社会价值的实现是平等的、可以齐驱并进的两种力量。[①] 他从良好心理品质养成的角度出发，将教师的职业发展与各种基本心理素质的关系展开细致分析，将教师的职业自我与个体自我与修养德性联系起来，从微观的视角客观地看待教师的社会心态和问题。[②]

同时，我们还应该关注另一个视角——满足产生"病态"的视角来分析当下的自我实现和满足的观点。罗哈德在《价值的自我实现》一书中指出，物质生活的富裕让我们产生了越来越多复杂的"病态"现象。许多人生活缺乏价值观念、缺少意义感和充实感，存在一系列的归属感、人生意义和价值体系等方面的问题。他指出，每个人的人格本身都具有某种固有的本质，需要他自己挖掘出来，并按照自己的风格成长和发展，而为了维护自己的独立人格和品质，有一部分人会做出与破坏其独特人格的文化习俗以及其他的压制力量进行不同程度的抗争。[③] 而从另一个视角来看，外界的秩序等约束本质上是一种压制本能的力量。如果要帮助和鼓励人们达到自我实现，就需要教育、法律等外界的力量对自尊、自我实现等本能的需要采取保护和促进的措施。[④] 大部分的人都在追求他们欠缺的东西，当他们的需要层次达到某一高度时，他的需要才会在个人、社会和智力的更广阔范围内受到挫折。困境对个体或者社会来说不一定没有积极的意义，但每个个体面临需要和压迫时都会有自身独特的反应机制，如果有机体的基本需要得到满足，他们会产生松散、被动、希望放松和享受的愿望[⑤]，这种无目的的行为也是教师存在的另一种社会心态现象，是对于下一层次需求的一种回避，而这些选择也涵括了各式各样的价值取向以及对当下现状的妥

[①] 薛剑刚.教师的自我实现[M].北京：语文出版社，2007：14-16.
[②] 同上，32+78.
[③] 罗哈德.价值的自我实现[M].吉林：吉林大学出版社，2014：7，24.
[④] 同上，24.
[⑤] 同上，1-3.

协。对于教师来说，自我实现也是一种存在于内心的渴望，但面临复杂的个人际遇与社会环境，每个个体也面临着不同的困境和矛盾，因此，对于处于社会转型发展的教师来说，自我实现也意味着驱使力与更大压力并存的状态。

罗哈德指出，人的自我实现具有不确定性和复杂性。人有自我实现、展示和完成真实本性的需求，但这种内部倾向同时具有理想性，牵扯到了人的本能和基本需要，是个体内部的核心问题。大多数人对自身的个体价值所在处于模糊和探索的状态，而人又是一个复杂的个体，兼具强大与软弱、畏惧和勇敢、向往完善又害怕完善……在面临困境时，个体会随着时代变化而变化以保持体内平衡和发展生物适应性，用不同方式理解世界的个体会根据现实情境和自身能力做出不同的反应。[1]在差异性的环境中，他们对自我实现的理解存在差异，并随着环境变化和认知改变而逐渐发生变化。而教师群体的自我价值实现需求又会在社会发展和周围环境的影响中产生哪些变化和冲突？

如果我们用自我实现来分析教师社会心态失衡的现实状况，也许我们会发现更多隐藏在心态问题背后的矛盾和冲突，而不是单纯地从社会心态表征等问题中去看待教师的焦虑、"佛系"、急功近利等社会心态问题，也更能理解他们身处的环境和面临的困境。教师是社会中有典型个人特质的个体，他们有"自我"意识，希望能实现自我价值[2]，作为知识分子的一部分，他们对马斯洛需求层次中尊重和自我实现的需求是强烈的，并且是无止境的，然而在通往自我实现过程受到多方面因素的限制[3]，教师对基本需要的渴求越迫切，现实差距越大，他们在社会心态的表征就更容易显现得焦虑和不安。从另一个方面来看，教师社会心态的失衡也是他们整体价值追求意识逐渐提高的一种体现，而这种渴望已经不仅限于物质、安全等基

---

[1] 罗哈德. 价值的自我实现 [M]. 吉林：吉林大学出版社：2014：97-99.

[2] 成秀玲. 论教师的自我实现 [D]. 济南：山东师范大学，2006.

[3] 郭敏. 基于教师自我价值实现视角谈教师专业化 [J]. 赤峰学院学报（自然科学版），2014，30（14）：198-199.

本层次的需求。① 这种对自我实现的分析让整体分析框架更加立体和完善起来。

樊浩、薛剑刚等学者对自我实现和自我价值的分析为我们开展教师社会心态研究提供了坚实的理论基础。在不同教师主体的理解中，自我实现意味着什么呢？他们的自我认同和自我价值又会有哪些具体的表现途径呢？陷入社会心态失衡的教师又面临着怎样的困境和矛盾？这正是本书试图剖析和探索的问题。

小　结

本书在特定的社会环境、经济、文化、资源等背景下去考察教师的工作环境、日常实践和想法，旨在探索这一地区教师社会心态的状况。在这一章节中，本研究主要运用了社会学、心理学的视角，集中在以下两个方面提出研究问题：当前社会环境与教师的价值理念，以及他们社会心态变迁规律的表征。

需要我们注意的是，这些教师的价值理念并不是清晰的和明确的，很多时候他们只是对现有工作和生活的无力和对未来工作与生活的期待，带有着一定的模糊性。但正是他们这样的价值观念，引导着他们不断地往自己心中认为"适切"的心态靠近。作为粤东西北地区的教师，他们面临着许多的困难：他们的工作条件与发达地区的工作条件相比差距较大，社会地位也较低，专业成长空间相对狭小。但可以明确的是，这些困难都影响着他们的社会心态，他们呈现出来的社会心态是多元的。

希望通过此研究能够让我们深入探索特定时期、特定社会背景下我国一些中小学教师的社会心态状况，并为他们提供一个科学的、有效的调整与平衡社会心态的建议。通过质疑当前人们对消极社会心态的提法，我们

---

① 郭敏.基于教师自我价值实现视角谈教师专业化[J].赤峰学院学报（自然科学版），2014，30（14）：198-199.

希望能够跳出宏观的研究视角,而采取微观的研究角度,从教师自身的工作与生活实践中去窥见他们的社会心态。多元文化和价值观念在本书中是关键的分析工具,而社会心态变迁规律的表征则是我们了解日常身份实践下这些教师社会心态的重要基础。在此研究中,我们通过社会环境、社会认知、社会情绪、获得的社会支持、工作投入及行为选择这几个概念去理解这些教师的心态、想法与行为。然而,这些对于教师的社会心态何以体现在其日常工作与生活实践中,面临着什么样的困境,这些困境又将如何突破等问题,在接下来的章节中,我们将一一揭示。

第二章 文献回顾与理论框架

近年来，在社会的快速变迁对个体的心灵挤压下，人们的信仰与价值观变得更加多元化。社会压力的加大、网络文化的冲击，以及人们对生活质量的要求提高等因素交织催生了社会群体价值需求的差别化现象。一方面，现代社会的快速发展导致人们的外部压力加大，部分未能清晰掌握人生规划节奏的群体陷入信仰危机；另一方面，由于新时代多元文化的并存，教师逐渐形成了保守与开放思想的对峙形态，教师的价值观念在社会变迁过程中的冲突加剧，加上网络大众文化的影响，教师的社会心态在演变过程中衍生出一些消极现象。这些现象引起了学界对教师社会心态的关注。研究社会心态的不同学派、不同观点和不同视角，存在着丰富的理论与思想内容，这为研究教师的社会心态的演变以及规律奠定了理论基础。

当前国内关于"社会心态"问题的关注领域主要在社会心态变迁的成因分析、不利影响方面。从学科视角与研究的主要内容来看，历史学、社会学、心理学、政治学和教育学成为社会心态研究的主要学科视角，而集体态度、群体认知、群体意识与自我意识、自我认同等及其关系问题则是研究的热点。从历史学视角看，社会心态研究集中在集体态度、信仰、习俗等方面；从社会学角度看，社会心态研究集中在人的稳定思想及行为倾向等方面；从心理学视角看，社会心态研究集中在群体心理过程、行为、自我意识及个性心理等问题。近年来，随着教育变革的推进与社会文化的发展，教育工作者、学者等将研究的目光投向了存在社会心态失衡问题的教师群体。社会心态研究与该时期我国的社会转型紧密相关，随着社会变迁的演进，学科步入兴衰发展进程，各自衍生出方法体系，社会心态研究也贯穿于不同学科发展脉络，展现出时代特征。这一发展推动着社会心态相关研究的进一步深入，学界开始对"如何看待教师群体的社会心态演变现象"等问题的分析与对策开展了不同视角的讨论。但总体来看，学界对教师社会心态的深入了解与研究还不够，多从个体社会心态问题带来的消极影响以及初步提出如何改善社会心态状况展开研究，对于教师的真实生活、社会认知、情感与职业心态等为切入点的分析较为欠缺，而这些视角正是教师社会心态的重要研究入口。

本章将从社会心态的形成及其演进过程作为梳理的方向，包括"社会心态"一词如何形成并发展，社会心态问题形成的影响因素等方面进行初步的讨论，对于社会心态及其变迁的看法，国外和国内流派和视角都有较为深入的研究以及结合时代特征、社会变化的探索。本书将从社会心态变迁对教师的影响，以及教师社会心态存在问题的应对策略开展研究与讨论，并在以往学者研究的基础上形成理论框架。

第一节　文献回顾：社会心态演进

国内外不同流派、不同角度对社会心态问题讨论的聚焦点在于：社会心态如何界定？它的运行和波动动力来源于什么，同时影响着什么？个体与群体之间存在什么关系？如何正确看待和引导群体的社会心态？

有一种现象需要关注的是，社会心态问题具有多元性，在不同时代发展和各类因素的交互影响下，延伸出了许多包含概念、并列概念和对立概念，它们之间相互影响、相互补充，充实和丰富着社会心态演进的研究。在针对社会心态开展研究的各种流派和观点中，存在着相互借鉴或对立共生的关系，因此，本研究在阐述和归纳观点的过程中，将秉承客观的态度梳理并呈现各流派对于社会心态演进的观点，通过吸取和发掘前人的研究经验与成果，总结和提炼出其中蕴含的深刻思想。

一、国外社会心态之辩

关于社会心态的研究大致可分为五类代表性的流派,它们分别是心态史学流派、心理史学流派、社会心理学流派、社会哲学流派以及社会学流派。社会心态研究者认为群体社会心态的演变受到多种因素的影响,且涉及个体与群体之间的相互关系。各流派从自身的研究视角切入,深入分析社会心态的内涵与演进的关键问题,探讨社会心态的发展及影响。

(一)心态史学流派

心态史学流派的学者认为,心态是指一个特定集团所特有的思想和感知方式,心态主要是集体的,它与社会结构和社会发展紧密联系,包含了历史中群体的无意识行为态度及日常的自动行为,触及人类精神的各个方面,例如心智、情感、习俗、言语等,它也可以被描述为一种精神状态。[①]在心态史的研究中,任何一个历史个体的心态都是他本人及其同时代的其他个体所共有的心态。一个"公共的"心态存在于群体之中,当某种思想逐渐渗透个体思想,个体逐渐形成群体时,群体心理就占绝对地位,这种"公共的"心态就拥有十足的力量影响所处的社会。[②]这类观点聚焦了集体意识与群体心态,关注并呈现着集体心态的时代性特征。源于社会主体的人的心态是一股实在的社会力量,它不属于社会合力中的主要地位,却是推动社会演化的实在动力之一,包括有意识与无意识的群体现象,与政治制度、经济形态、社会文化等社会因素密切联系。[③]而社会心态就是在集体意识构筑过程中产生,是一种心理共同体的群体性汇聚,教师在其中也深受影响,无意识或自觉地对集体形成心理认同。虽然有学者认为群体心态在演变的过程中对个体心态发展具有一定的限制,但心态史学流派认为社会心态的演变中,个体的无意识与信仰也具有隐藏的影响力,能进一步形

---

① 吕一民.法国心态史学述评[J].史学理论研究,1992(03):138-148.
② 勒高夫,诺拉.史学研究的新问题新方法新对象、法国新史学发展趋势[C].郝名玮,译.北京:社会科学文献出版社,1988.
③ 姚蒙.新史学[M].上海:上海译文出版社,1989:195,257.

成不同群体的意识，同时，群体心态会随着社会的发展而发生转变（勒高夫、诺拉等，1989；莱昂，1989）。个体的需要是主体选择的内在动机，一个人的追求和需要是呈现心态的外在形式，也是人们从事劳动以及各种实践活动的一般目的和内在动机。具有相同社会地位和社会关系的人们集结成的利益群体，将会融合个体需要与所属的利益群体需要转变为共同的动力导向。[①]因而，心态史学学者认为要引导整体的社会心态导向，就需要关注群体认同以及群体需要的呼声。

（二）心理史学流派

心理史学是以跨学科研究视角为基础，综合运用历史学与心理学的理论框架与研究方法，也是通过考察历史主体的内心世界以实现对历史发展进程的更全面地把握的一门交叉学科。[②]它把社会变化、群体行为与个体概念进行解释，将群体自我定义为个体相关经验聚集的总和，这是心理史学流派的象征性研究思路。心理史学对群体心态的剖析结合了各类人群的心理结构变迁特点，阐述了群体精神在历史发展进程中的价值和意义。心理史学家认为群体社会心态的变迁与历史进程、个体心理素质密不可分。不同社会群体之间的群体心态存在着差异性，而差异性的群体文化心态又推进了迥异的历史发展进程。个体心理素质与群体文化心态之间存在相互影响。社会群体由各具特性的个体组成，个体心理又构成了群体心态的内容，反之，群体心态也影响着个体心理素质，随着外界环境的演变作用于群体中的个体心理。由此，心理史学家认为社会心态研究不仅要着重社会情境中的个人，还要注重团体生活，关注个体与群体的互动关系。[③]心理史学流派因此在社会心态研究中提出，要关注态度改变、人际过程和小群体这三个研究领域。[④]基于此，正如涂尔干提出的"社会事实"的突生性概念，社会心态在内的社会事实源于个人事实或个体心理，但它并不只是个体意识

[①] 王学典. 史学引论 [M]. 北京：北京大学出版社, 2008.
[②] 孙明涛. 中国心理史学方法论研究 [D]. 昆明：云南大学, 2017.
[③] G. 墨菲等. 近代心理学历史引导 [M]. 林方, 译. 北京：商务印书馆, 1980.
[④] 威廉. S 等. 社会心理学的历史与体系 [M]. 贵阳：贵州人民出版社, 2011.

和心理的简单相加，而具有整体形态的特点。① 处于集体意识的教师也许会认同自身的意识是独立的，与整体剥离开来的，认为个体心理对周围的影响不大，集体意识与自己的关联不大，又或是屈从于集体心态，而忽视个体心理对集体心态和意识的影响。但我们若从社会环境中来看，他们的个体心态与意识实际仍受到集体心态的影响，都未能正确地看待个体心态与群体心态之间相互作用的关系。如埃里克森等人的研究指出，自我认同感的形成要依靠人在社会中的经济机会、可实现的理想和实用的技术，不能将个人同社会变化分割开来，因为这两方面是相互制约的，而且是真正彼此联系着的。② 教师社会心态的演变归根到底是社会转型和发展的影响，教师的个体心态在集体意识转变中也逐渐发生了改变。因此，个体与集体之间的关系是社会心态研究的核心所在，只有正确看待和处理二者之间的关系，教师的社会心态问题才能得到更好的处理与调节。

（三）社会心理学流派

社会心理学流派与心理史学流派在社会心态研究上的主要区别在于，它提出群体心智（group mind）概念，认为群体心智产生于人们的互动和聚合的心理活动和形态。它在心理史学对从个体、群体社会心态的理论基础上开展研究，拓展和细分出"微观分析水平为基础，偏重于中观和宏观水平"的研究层面，从而更好地呈现个体、群体、社会等视角中蕴含的社会变迁现象，这为社会心态、社会结构与文化相互作用方面的研究提供了思路。它认为集体心态对群体心态的限制不是群体心态演变的最重要因素，并试图从真实的群体、阶级等作为研究对象呈现社会变迁的过程。教师作为身处于社会系统中的一类群体，也是人类社会生产中产生的具有统一目标的大团队。教师社会心态的演变也受作用于集体心态以及群体交际互动的影响，个体心态随着群体间的变化而发生转变。因此，当社会、群体与

---

① Durkheim, Emile 1966, The Rules of Sociological Method[M]. Trans. by Sarah A. Solovay & H. John Mueller. New York: The Free Press.

② 埃里克森.同一性：青少年与危机[M].孙名之，译.杭州：浙江教育出版社，1998：10.

个体的相互作用被正确对待和调节，教师群体社会心态的演变方向才能得以更好地引导和转变。

（四）社会哲学流派

从社会哲学角度所理解的社会心态，基本上等同于历史唯物主义理论体系中的社会心理范畴。在社会哲学流派的观点中，心理是机体自身和外部条件的要求在头脑中的反映，人们所有的对外部世界的认识都建立在人类社会生产实践和社会关系发展的基础上，社会关系构成了社会心理的认知图式，慢慢积淀为人们理解社会的心理原型。[①]教师社会心态在演变形成的过程中也是自身对外部认识与联系在头脑中的反映，这种演变不仅是对外部环境的顺应和服从，也是教师群体为自身发展与调整做出的努力与自我价值认同的争取。在社会心态研究的不断丰富过程中，教师社会心态的演变性质逐渐变得多元、丰富起来。历史唯物主义认为，社会心态作为介于社会存在和社会意识中间的一种精神文化现象，在特定时期、特定阶层或其他环境中的人群在日常生活和交往中自发形成和普遍流行，具有丰富而复杂的思想内容。在社会转型的背景下，社会心态的发展还面临着良性发展与失衡、迷茫并存的局面，这要求我们不能从人的社会意识去说明社会存在，而应该从现实的人以及其感性需要出发，从意识形态高度对社会心态进行引导。[②]而社会学流派的学者则持进一步的观点，认为社会心态的引导离不开群体相互关注、相互交流机制的建构，通过仪式的条件实现群体团结和群体成员性的符号。[③]在这些流派的观点中，群体的社会心态演变的问题蕴含着个体需要与集体需要的冲突、相互影响以及社会心态、社会结构与文化的相互作用。总而言之，它是社会发展演进过程中不可避免的一种社会心境状态，是一种源自个体的整体意志形态，也是个体心理与群体心理之间的沟通过程，需要人们以更为客观的态度去看待。社会心态演

---

① 马克思.1844年经济学哲学手稿[M].北京：人民出版社，2000.

② 普列汉诺夫.普列汉诺夫哲学著作选集[M]（第一卷），北京：生活·读书·新知三联书店，1959：754.

③ 柯林斯.互动仪式链[M].北京：商务印书馆，2009.

变问题离不开群体心理影响与个体和群体关系等问题，分析个体融入社会群体的心理机制，为群体的有效沟通搭建桥梁在引导群体社会心态演变问题上具有重要的意义，有利于推进社会心态心理机制的形成与发展。①

（五）社会学流派

Mohwald 认为，社会心态是由价值观直接产生，并构建了一个价值观和社会心态的演变过程。② 从价值观的层面拓展了社会心态的内涵与外延。群体社会心态的演变也是群体价值观念和意识的演变过程，它反映着社会发展过程中不同阶层中不同群体心理意识与价值认同的冲击与演变。在教师中，社会心态的演变存在积极与消极并存的局面。陷入不良心态的教师群体或许认为这一群体心态带来的归属感可以帮助他们逃避各种压力，但若从社会学流派的观点来看，他们实际上没有脱离大环境的压力，反而放弃了迎接挑战成长的机会，在自我麻木的过程中以另类的姿态试图争取自我认同的话语权。学者拉普尔等在社会阶层意识的研究中提到，社会阶层是一个人对自己在社会总体等级中所处位置的总体意识，这种意识能够让个体识别与自己地位相似的群体，从而增强群体归属感和认同感。③ 拉普尔从社会阶层的角度分析群体的社会心态与意识，从收入、教育水平和职业等客观因素方面反映群体自我和世界观的核心，为社会心态演变分析进行了补充。Guanghai M（2008）提出，社会心态表明的是社会成员对当前生活的感受、对未来生活和社会的期望以及对应的社会情绪（social mood）特征，主要通过社会舆论、社会文化和社会成员的生活感触来表达。④ 因此，社会情绪的释放与社会心态演变密切相关，蕴含着个体需求的呼声，当社会情绪累积到一定程度后，就会进行扩散和传播，从而逐渐影响到个体和

---

① Tajfel, H. Differentiation between Social Groups[M]. London: Academic Press, 1978.
② Mohwald. Values and social mentality[J]. Modern Japanese Society, 2004（09）: 387.
③ Lapour, A. S., & Heppner, M. J. Social class privilege and adolescent women's perceived career options[J]. Journal of Counseling Psychlolgy, 2009, 56（04）.
④ Guanghai M. Social mentality: Analysis on concept and its operationalization[J]. Journal of Social Sciences, 2008, 10（11）: 10-28.

群体的行为。

(六)总结与梳理

社会心理学流派与心态史学流派都对社会心态进行了深入、系统性的研究。其中,心理学的社会心理学流派从个体角度构建研究他人和社会对于个体的影响力,并且认为个体能以自身的方式解释和应对社会环境及其关系的变化;社会学的社会心理学则强调群体心理,为群众心理、个体与群体关系的研究提供了重要理论基础(威廉·麦独孤,1908、墨菲等,1980/1972)。①社会心理学"群体心理""集体表征"等重要群体心理学概念在19世纪末期已经被提出,古斯塔夫·勒庞(Gustave Le Bon)以"群体心理"概念的提出揭示存在于群体中的社会心理,对群体心理的运行机制、动力等进行深入探讨,勒庞认为群体发生变化有如暗示和传染,这种力量能使思想感情转到同一个方向,使暗示的观念转化为行动的倾向,他认为异质性个体一旦结为整体,会如同发生化学反应一般自发地产生新的元素,表现出新的特点,这也是某种社会心态能在教师中形成和扩散的原因之一。②加布里埃尔·塔尔德(Jean Gabriel Tarde)也在19世纪90年代提出群体中的"模仿"概念,认为群体行为和意识中存在着一种社会重复,社会是个体通过模仿而集成的任何层级的群众晶体,处于其中的群众心理特点是模仿,其结果是同化,群众心理则是模仿者信念和欲望一致时形成的相对稳定的心理状态。③

回顾不同流派关于社会心态研究的讨论与探索,我们可以大致梳理出一种社会心态的演变规律——社会心态的演变的内涵逐渐变得丰富和多元,个体不只是被动接受环境影响,而且可以反作用于群体,个体与群体之间的相互作用促成了社会心态的演进。在整体环境的影响下,个体看似处于

---

① 威廉·麦独孤.社会心理学导论[M].俞国良,雷雳,译.北京:北京大学出版社,2010.
② 勒庞.乌合之众[M].何道宽,译.北京:北京大学出版社,2016:22,22,7,19.
③ 塔尔德.模仿律[M].何道宽,译.北京:中国人民大学出版社,2008:11,62,50,59,78.

被动的、受限于群体心态的状态，但从社会心态的研究角度来看，个体心态与价值认同可以影响甚至组成群体心态，蔓延和渗透到不同阶层中，个体能够结合网络舆论等方式为自身争取话语权与信仰认同。在社会心态与集体意识的演进过程中，社会大环境的影响仍占据着主导地位，是社会心态演变不可忽视的重要因素，教师身处其中，其社会心态呈现着该阶层特有的信仰与共同意识，同时蕴含着新的冲突与矛盾。

国外对教师社会心态的直接研究文献相对较少，我们以教师的"心态""社会认知""社会情绪"等为关键词展开搜索并分析。有学者认为，教师群体在不同研究领域、不同学历水平的情况下，他们在价值观、需求、信念、情感上具有较大的差异，这深刻影响了他们对于自我的表述以及身份的建构与价值认同。教师认知关乎个体的概念化信仰与自我认识，教师认知与他们生活中的社会文化互动联系十分紧密，需要从社会互动和话语心理学的视角来看待它。[1] 心理学流派认为，教师的社会情绪与教学的社会文化背景以及教师的动机、整合的情感体验等因素存在密切关系。[2] 学者 March 和 Simon 认为组织压力和群体压力是个人行为和改变的动力来源，影响着个人的目标和愿望，结合个人行为理论分析和评估外在压力影响教师个体目标和行为差异的因素与机制，在社会环境中，影响群体信仰和心智的重要因素是社会文化。作为一个社会范畴，文化被认为是一个整体里每个人的生活方式。因此，它可能意味着更加民主和多元化。[3] 这些研究从不同视角切入分析了文化等外部环境因素，以及教师自身价值观、需求、信念等内在因素方面对教师社会认知与价值行为倾向的影响，从更为客观

---

[1] Zilka Avishay, Grinshtain Yael, Bogler Ronit. Fixed or growth: teacher perceptions of factors that shape mindset[J]. Professional Development in Education, 2019, 48（01）.

[2] Sutton R E, Wheatley K F. Teachers' emotions and teaching: A review of the literature and directions for future research[J]. Educational Psychology Review, 2003, 15（04）: 327-358.

[3] Khairani A Z, Idris I, Shamsuddin H. Measuring social-psychological functioning among Malaysian pre-service teachers[J]. Asia Pacific Journal of Educators and Education, 2018（33）: 109-122.

和包容的角度看待教师心态变化的现象，并尝试为教师社会心态引导提供思路与启发。

社交媒体时代的到来促进了网络大众文化的扩散，也孕育了多元复杂的价值体系，不同群体的价值观与社会认知发生改变，呈现出身份认同差异化的特征。价值观是一种持久的信念，它表明某些行为或结果是否为个人或社会所接受。[①]价值体系是人类生存的基础。人在与生命的互动中形成的感觉和思想，逐渐形成对生命的看法和姿态，这种思维方式塑造了人类对价值的感知。在个体中形成的价值观观念，是社会人相互作用的结果，在人与人之间传播开来，最终形成价值观的整体。[②]价值观作为社会心态重要的组成部分，它的演变是导致教师社会心态演变的重要原因之一。部分教师衍生出的不良心态的原因是受到网络大众文化环境多元化价值观的影响，也可以说是社交媒体发展带来的群体价值需求差异化的影响。这一方面使得教师传统的社会心态受到巨大的冲击，另一方面促进了教师价值选择的多元化以及心态的成长。当网络文化将多元的大众生活展现在社交媒体上，教师的思想观念与自我认同也将得到更多的发展与转变，对世界差异化与多元价值观的接受度也逐渐提高。

二、国内对于社会心态变迁的讨论

在国外关于社会心态问题的讨论中，我们不难发现不同流派各个视角的研究，相互补充与交叠。这些都为中国学者开展相关研究和探索奠定了理论基础。通过梳理国内的相关研究，我们将从四个不同的视角呈现社会心态的变迁：传统师德理念、网络文化影响、社会认同问题、多元价值观与社会心态失衡。这四个视角的研究分别呈现了影响我国社会心态演变的四种重要因素，也反映了教师社会心态演变的趋势以及学界对该类研究的

---

① 安东尼·吉登斯. 现代性自我认同[M]. 赵旭东，方文，译. 北京：生活·读书·新知三联书店，1998.

② Bolat Yavuz, Korkmaz Celalettin. Social values and life skills as predictors of organizational culture: A study on teachers[J]. SAGE OPEN，2021，11（02）.

关注点变化。从学界讨论的范围我们可以得知,这些不同视角的讨论是相互补充和密切联系的,也存在不同学科的碰撞与新观点的阐述,由此,我们可以大致看出国外的观点如何影响我国的研究,又是怎样在学者的融合下进行了创新和发展。

(一)传统师德理念的观点

价值取向作为社会心态的重要组成部分,在社会心态研究中备受关注。在漫长的现代化历程中,国人内心的彷徨状态在不同阶层、群体之间呈现出差异性,教师作为一个特殊的群体,有着明显的价值冲突特征。他们既有传统教师温良、顺从的文化个性,同时在顺应时代变迁的过程中产生了新的自我价值。由此,我国学者认为从根本上影响教师思想观念的是教师身处的整个社会文化背景及其内在的价值观念。① 我国社会对教师的品格、言行以及角色定位方面有着很高的道德规范和要求,这很大程度上取决于中华民族传统美德的传承,对于教师群体衍生出的不良社会心态现象,国家与社会各界都会及时采取措施进行纠正与引导,在建设社会主义现代化强国、促进教育高质量发展的要求下,教师消极的社会心态与表征是不应该存在的,这一类观点在当下占据着主流地位,也是教师社会心态需调整的总体方向。②

同时,当"经济"一词全面介入社会生活之后,教师面临着"义"与"利"之间的冲突。无视社会现实、忽略人本需求的观点正在将"社会性存在"与个体意识剥离开来,让个体承受着巨大的精神压力,逐渐开始对环境与各种冲击变得麻木,自卑、自傲、自轻等不良心态也在教师群体中滋生。③ 无法正确应对当下压力的教师在社会经济发展中产生了滞后感和失落感,开始通过不同的方式争取自身的价值认同。部分教师在市场经济的发展下产生了急功近利的思想,一方面,教师的效益观念和竞争意识得到加

---

① 于翠翠.建国以来教师价值取向的历史变迁[D].济南:山东师范大学,2016.
② 徐萍萍,马向真.和谐社会中的自我和谐蕴义[J].求实,2011(03):34-38.
③ 程洁.社会生活与教师心态[J].湖南教育,2003(09):13-14.

强；另一方面，部分教师出现过于追求个人利益、忽视集体利益的逐利思想。① 这些都是学界分析教师社会心态问题的重要方面。他们从社会心态、角色认同、价值认同等方面切入分析，认为这一部分教师需要构建完善独立的社会认知体系，端正自身的价值取向和角色认同，同时关注到外部条件对教师个体发展与正向发展的保障和激励作用。其中，具有代表性的观点有陈明占等对教师社会心态变化的思考：哪些教师会容易产生社会心态问题？有处于刚步入社会，对个人发展和生活期望较高但现实落差大，且心态容易悲观消极的一类教师；有受社会经济发展影响，对人生价值目标迷茫和困惑的教师；也有以自我为中心，完全围绕个人利益进行价值选择，道德角色意识淡化的教师。② 这部分教师应对压力与社会变化的方式使消极的社会心态逐渐形成，进而推动产生了复杂多元的价值取向现象。从精神需要层面来看，这部分教师没有在自尊、归宿感和成就感等层面得到物质或精神上的满足，从而更容易受到心理挫折积累、资产阶级价值观、利己主义以及个人主义的影响。此外，卢威指出，教师的边缘化危机也体现了社会竞争与发展对教师群体社会心态的考验，教师个体与心理结构的差异性，直接影响了他们感知和理解客观事物的不同，这是"边缘化"教师出现的重要原因。

教师的价值观念、伦理观念和文化观点在市场经济条件下产生巨大的冲击，因此更需要对他们进行培养、教育和管理，唤醒教师积极向上的潜意识。③ 支持传统师德理念的学者对教师功利化思想与消极回避的现象持批判的态度，师德建设过程中面临许多的挑战，许多教师存在政治不坚定、敬业精神缺乏、治学不严谨、责任意识不强等问题，而在社会要求的职业角色中，教师要履行好角色的使命和功能必须具备良好的角色意识和心态。当下，存在社会心态问题的教师成为社会各界关注、纠正以及批判的聚焦

---

① 闫琛.教师社会心态的失衡与调适[J].教学与管理，2018（12）：50-52.
② 陈明占，钮中青.对部分青年教师社会心态变化的思考[J].吉林化工学院学报，1993（02）：64-68.
③ 沈家骅.青年教师主要心理倾向及调适对策研究[J].职教论坛，1999（07）：33-34.

点，他们自身的呼声和困境时常处于被忽略的状态。基于此，除了对主流价值取向的呼吁外，学者们也逐渐开始关注这部分教师面临的困境与内心挣扎、困惑等问题，从人性化、开放性的视角来看待教师社会心态的调整与隐藏背后的社会问题。

（二）网络大众文化的影响

除了从传统师德理念探讨教师社会心态外，学者们也关注到网络大众文化对教师社会心态的影响。他们认为，互联网快速发展背景下价值观的多元化是教师不良社会心态产生的关键因素之一，深刻改变了人们的思维方式和精神生活，也影响着教师的理想信念、价值取向和责任意识等。[1]我国处于社会转型阶段，社会结构不断变化，随之产生的是各种社会矛盾与社会失范问题，人们的价值观不断地受到不同程度的冲击，认知倾向、心理状态、情感取舍、价值判断等复杂心理活动也受到深刻的影响。[2]随着网络媒介的便利化以及网络语言的衍生流变，通过网络集体宣泄、争取话语力量，用各式各样的方式和语言表达表现主体的利益倾向和话语动机，传递自身立场、观点和态度的同时，也构建起了多元的意识形态。[3]网络为传递民意诉求、投射公共情绪心态提供了"微型窗口"，也为教师尤其是青年教师提供了自身话语权的争取方式。陈虹认为在微媒体化下，社会变迁中的不确定性、需求不满足、不公平感加剧，以及社会阶层的分化导致焦虑、浮躁、空虚迷茫、急功近利等不良社会心态的产生，理性平和、开放包容的社会环境与现实社会阶层、群体之间的隔阂形成鲜明的对比，也造成了物质与精神、现实与虚拟、自我与社会等矛盾社会心态。[4]

学者们在研究中也发现，在新媒体盛行的背景下，教师容易在海量而

---

[1] 郭瑞.网络语境下师德建设的传统文化进路[J].文学教育（上），2018（03）：160-161.
[2] 陈思羽.网络公共事件中网络社会心态的形成机理研究[D].湘潭：湘潭大学，2021.
[3] 刘璐.网络流行语的表征心态研究（2004-2018）[D].上海：上海交通大学，2019.
[4] 陈虹.微媒体化下青年社会心态变化及其引导策略探析[J].思想教育研究，2015（11）：89-92.

且真假难辨的信息面前陷入盲从。尤其是网络上偏激的负面情绪等容易在新媒体快速传播中形成冲力，导致教师产生巨大的社会心理汇聚作用。同时，新媒体环境使社会各阶层的价值观通过各种途径快速传播，导致教师的价值观备受冲击，容易表现出利己、焦躁偏激、道德滑坡甚至行为失范的现象。[1]这些现象在青年教师中更具有明显的特征，他们对社会情境中简单化、浅表化和平面化的内容更容易感知和体验，因此更容易被多元化的价值观所影响。在新媒体平台的承载下，各种积极与消极、先进与落后、外来与本土的价值观念产生碰撞，使教师也陷入了价值观的多元冲突与矛盾当中。[2]由此看来，网络媒体在帮助传播积极正向文化、塑造着人们的精神和心理世界的同时，也为许多背离主流文化的消极文化提供了温床。持这类观点的学者认为这些复杂多元的微文化为教师带来更多不确定性的价值判断和价值选择，并建议对陷入不良社会心态影响的教师应给予帮助和关怀，为他们的职业发展与心理提供支持。

这部分学者从网络大众文化影响下教师不良社会心态的产生原因、引导建议等内容展开分析，在这种讨论视角下，教师面对社会变迁带来的不确定性与社会阶层差距现象感到迷茫和焦虑，社会情绪变得易感和不稳定，价值取向也逐渐发生变化。学者们通过研究揭示了教师内心对理想生活向往以及对现实状况无奈的矛盾与冲突，同时展示了网络化影响下教师对自身价值与话语权的渴望与争取，为引导和改善教师的社会心态提供了另一种研究视角。

（三）"佛系"与认同缺失问题

2017年以来，"佛系"亚文化在互联网迅速走红，引起了社会的关注与重视。"佛系"一词最早出现在2014年的日本，是做事缺乏积极主动性，不争不抢，无欲无求的代名词，是网络时代下人们精神压抑的一种话语宣

---

[1] 凌烨丽.论新媒体环境下高校青年教师健康社会心态的培育[J].教育与职业，2016（20）：85-87.

[2] 凌烨丽.论新媒体环境下高校青年教师健康社会心态的培育[J].教育与职业，2016（20）：85-87.

泄方式。① 在教育改革的洪流中随波逐流、被动应对，过着安于现状、得过且过教育生活的教师是存在"佛系"心态的教师，这种不良社会心态影响着教师的价值取向和专业发展。② 对于我国学者而言，这种"佛系"心态为研究教师不良社会心态提供了另一个研究的窗口，是凝结了互联网时代身份认同、话语权需求与社会阶层差异等方面的问题总和，为教师社会心态的引导提供研究路径，同时为研究教师社会心态问题拓展了更多元化和客观性的研究视角，以便进一步了解该类教师的真实状况。

学者们从"佛系"的现实表征、消极影响、生成逻辑、话语记忆建构以及身份实践等角度对"佛系"心态展开研究，深入发掘"佛系"群体的价值取向、社会心态问题与价值认同，从而为改善和引导"佛系"心态提供建议与思考。③ 在现实表征和消极影响方面的研究中，"佛系"心态带来的麻木、漠视、"不作为"或"慢作为"等表征被揭示为低认同和自我抑制式的心理管控，同时也是一种自我认同的重新建构、用沉默和消极回避的方式表达需求负性假象。④ "佛系"教师的心态在这些研究中体现出多元化的真实需求与复杂的心理表征，他们在当今"内卷"盛行的压力下，通过"佛系"自我认同来对抗压力并寻求安全感，以期摆脱当下环境带来的焦虑和对现状的无力感，他们实际上是通过这种看似超脱和随遇而安的态度来达到自我麻痹，以降低自我需求的层次来换取内心的一些平和安稳。鉴于此，学者们提出了教师主动调整自身心态策略、国家制定激励政策等方面的建议，以期帮助"佛系"教师转变心态，重新投入教育现代化建设的进程中来。

在教师"佛系"心态产生机理的研究中，有学者认为"佛系"心态在

---

① 赵翠翠."佛系"：当代社会私人化心态研究[J].江苏行政学院学报，2019（05）：70-78.
② 汪菲.教师不应有"佛系心态"[J].广西教育，2017（46）：1.
③ 缪笛."佛系青年"现象生成逻辑与引导研究[J].中国青年研究，2019（09）：102-106+53.
④ 陶志欢."佛系"青年的生成机理与引导路径：以当代大学生为考察对象[J].中国青年社会科学，2019，38（01）：96-103.

很大程度上是受外部因素的影响，并非只是他们自身的因素，尤其是青年教师。"佛系"心态是社会发展过程中衍生的复杂产物，不只是个体主动产生的消极状态。[①]张艳等学者认为，随着时代不断进步，社会竞争压力的加大，国家经济的快速发展使人们对生活和工作有了更高的期许。从马斯洛的需求层次理论来看，在发展条件优越环境下的教师对社会需求较高，他们的需求已经从最开始的温饱层次转向了更高的自我价值实现层次。然而，经济发展带来优势的同时也带来了住房、工作、医疗等一系列的压力，这些压力与教师自身的追求期许交织起来造成了更大的焦虑感和无力感，由于无法在短时间内实现追求和应对压力，试图释放过于沉重压力的教师产生了回避的不良心态，借助自媒体等网络平台和与自身状况相似的微文化来逃避现实并获取自我认同感。[②]张艳等学者认为，要了解"佛系"心态产生的根本原因，不能停留在批判"佛系"心态和"佛系"亚文化的表面。因此，客观看待事物的态度和开放的视角对研究教师的社会心态失衡具有重要意义，这与以往的研究视角和方式相比更加具有特殊性。

（四）多元化与社会心态失衡

社会心态的失衡为我们了解教师社会心态问题打开了另一个视角。迟云在《转型时期社会心态失衡及其调适》一书中对处于转型期中的各种社会心态问题展开分析，结合其他国家应对社会心态失衡问题的方式为积极探索社会心态的调整和相关研究提供了丰富的理论依据。随着社会经济的发展，社会心态和多元化价值观引起社会各界的关注与讨论，在当代社会下演变为一种复杂的社会现象，在这种现象的影响和驱动下，学界对社会心态的研究也得到了进一步发展。

从国外的研究经验来看，价值观与社会心态之间在一定外界条件下可

[①] 李文晓. 论青年佛系化的原因、影响及其励志改造 [J]. 商洛学院学报，2020，34（02）：75-80.

[②] 张艳，朱奎泽，沈先陈."佛系"现象的样态解读及成因探析 [J]. 新闻知识，2020（08）：25-30.

以实现转化。^①国内学者也逐渐开展了价值观与社会心态失衡问题探讨。吴大兵在分析社会心态失衡的深层原因中发现，除了社会原因和制度体制原因外，各种社会思想文化的冲击是造成人们心理反差和失衡的重要因素，公众在社会转型以及巨大社会变化的过程中缺乏心理准备，社会生活、文化观念的多元化情绪在某种程度上导致了社会共同价值观的缺位，引发社会心态的失衡问题。^②社会转型导致了人们需求、价值观矛盾的多元化现象，通过了解群体的多元化现象，我们能进一步深入教师社会心态失衡问题，也是了解当下不良社会心态的一种途径。

吴大兵的观点主要集中在社会心态失衡的表现和影响因素的分析上，同时明确了不同利益群体存在对自身合法权益维护的需求。在价值多元化和差异化与社会心态失衡问题的讨论中，他的观点与社会心态问题研究的出发点是一致的，表达的都是为调整和引导社会转型时期群体的不良社会心态提供理论依据和研究思路。

提到转型期的社会失衡问题，我国学者迟云开展了更为深入的研究与探索。在其著作《转型时期社会心态失衡及其调适》中，他把社会心态失衡作为研究对象，同时对社会价值观的深层影响展开分析。以往对社会心态失衡的研究尚未全面展开剖析，迟云试图从社会心态失衡作为切口，挖掘社会心态失衡的深层次原因并寻求合理的调适方式。他在研究中提到，社会结构和经济利益的调整导致人们思想情感、生活方式以及价值观念等发生了全面深刻的变化，这些变化通过社会心态的变化反映出来。然而，经济的快速发展也导致了社会节奏的加快和价值标准的多元化，人们的处世态度和心态逐渐衍生出一系列的问题，浮躁、焦虑、不安全感等不良社会心态在不同群体中产生并逐渐蔓延开来，阶层分化的加剧使各个阶层之间的差异也逐渐拉大，导致焦虑和浮躁等心理进一步加剧。这一点与吴大兵的观点相似，后者也提出社会系统的剧变和社会矛盾的冲突导致阶层分

---

① Mohwald. Values and social mentality[J].Modern Japanese Society，2004（9）：387.
② 吴大兵.当前我国公民社会心态失衡的非经济因素探析[J].前沿，2010（17）：107-110.

化更加严重，原来稳定的社会受利益群体的多元化影响而变得更为复杂，社会成员的情绪存在更多的诉求和躁动不安。

因此，社会心态的关键不在于简单粗暴的个人性格表层的消极情绪发泄，而在于错综复杂的社会环境深层的多元化价值追求。与不良社会心态问题有关的各类现象都关乎多元化的价值追求。由河南省社科联"社会心态嬗变与和谐社会建设研究"课题组编著的《社会心态嬗变与和谐社会建设研究》一书中提到，随着改革开放的不断深入和市场经济的不断发展，知识分子阶层的价值取向出现了多元化特征。同时，他们在价值评价的具体标准上，呈现出传统和现代、东方和西方的标准共存，并且不同的价值标准在矛盾和冲突中呈现互相渗透、融合的状态。在价值取向中，也存在着多元、无序的状态。多元价值取向与认知的产生加剧了群体的异质性，也导致了其社会心态的嬗变和分化。为了深入了解知识分子价值追求与社会心态的变化，该课题组还开展了实证调查研究，通过调查呈现知识分子的个体认知、群体认知和社会认知状况，结合实际情况分析并提出相应的改善建议。社会心态的变迁与失衡与教师价值追求和价值取向的多元化有着不可分割的联系，要深入把握和探寻不良社会心态问题，就需要进一步讨论教师在社会变迁环境下形成多元化价值追求的深层机理。

从这一角度开展研究的学者都关注到社会环境与价值多元化的现象，以往许多学者认为教师不良社会心态虽然需要批判和加以引导，但在这一语境下，该类教师容易处于被动的地位，其个体立场和话语权往往遭到忽略甚至剥夺。迟云认为，社会心态失衡问题的原因是多方面的，其中社会利益关系是主要因素，除此之外，体制机制、经济文化、社会心态调适、认知失衡等客观的或主观的因素也是引起社会心态失衡的重要原因。因此，在考虑社会心态失衡问题时，不能只从表面现象寻找解决方案，还需要考虑整体性的背景，深入了解和把握社会心态失衡的前因后果，为根治深层次的矛盾寻求有效的方法和路径。[①]他还针对不同影响因素的主体展开数据分析，结合事例和调查数据呈现转型期影响下社会利益、社会阶层、底线公平、网络媒体等方面的问题与转变，呼吁从更为全面系统的角度探索应对社会心态失衡的问题，同时为陷入不良社会心态状况的不同群体赋予了新的理解与客观评价。

以迟云、吴大兵等为代表的关注多元化与社会心态失衡问题的学者提出的一个重要观点是：要把陷入不良社会心态的群体归为社会心态问题的其中一种影响因素的主体，他们有自身个体的立场和面临的困境，在批判不良社会心态表现的同时，我们需要以更为全面和系统的视角去看待问题。这与国外社会心态流派的观点有相似之处。这是社会心态研究领域的重要成果。同时，我们发现在这类学者的研究中，他们将社会心态失衡与心理健康问题等细致地对比和区分开来，并明确社会心态失衡不一定产生消极的社会心态，而社会心态积极也不代表社会心态没有失衡的问题。这样的定义将社会心态问题囊括得更为全面合理，也为被定义为"不良社会心态群体"的教师减弱了"污名化"的语言效果。

从这类持开放态度看待事物的观点来看，我们回顾过去对不良社会心态的界定标准，其背后的理论依据是什么？那些陷入矛盾困境的教师又是怎么理解他们自身的角色和身份？他们在面临社会变迁压力时将会如何做出选择？这些需要根据陷入消极或矛盾困境的教师的现实状况和呼声进行分析，这正是本书需要深入探讨和研究的关键。因此，关于各派学者和研究者对不良社会心态群体的定义和看法，我们将持保留意见。

研究如果不从现实当中去获取"陷入不良社会心态教师"的真实生活资料，我们就无法从该部分教师对自身的身份认同和价值取向开展实证分析。同时，我们需要考虑教师"社会心态失衡"应该如何被看待？从这个意义上来看，不少学者主要从个体呈现的表征作为切入口开展研究，但涉

[①] 迟云. 转型时期社会心态失衡及其调适[M]. 济南：山东教育出版社，2013：109-111+180.

及教师深层的价值取向以及面临社会转型期压力时挣扎与困惑等方面的叙述未能深入展开探讨，而这些正是揭示教师社会心态个体层面的鲜活素材和真实依据。以往的研究中，学者多从宏观层面探寻社会心态的转变方式，从外部环境或社会心态问题造成的影响作为索引，深入探讨和分析社会结构、社会政策、社会阶层等对社会心态的作用，以呼吁各界参与改善社会心态的失衡，这是社会心态研究的重要组成部分。但我们认为这种对"社会心态失衡"问题的考虑还不够全面，忽略了教师对自身身份的建构与价值认同。[①] 在社会迅猛发展过程中，我们不可忽略在集体共识中产生的个性化和自我意识，教师不再是过去单纯传道受业解惑的角色，他们同时是独立鲜活的个体，如果站在不同立场上看待教师的现状，走近身处变革与多元环境中的他们，是否会发现更多以往忽略的因素？

在国内学者的讨论中，"自我认同"和个体意识、自我同一性等自我观的建构是一个重要的研究领域，如果我们要深入了解教师的社会心态与困境，就需要关注教师的自我认同和意识，将其放入本书的研究框架当中，深入探寻自我认同与教师社会心态表征的关系。孙二军等学者探讨了教师自我认同的问题，但未对教师社会心态开展深入分析，将关注点投向了教师专业发展以及制度与教师自我认同的关系，他们指出教师在专业发展中的自我认同是教师对专业发展内涵、身份与角色等方面的合理辨识与主动建构，体现了教师自我实现的价值追求，同时它不能回避外部的身份规约与角色期待，这影响着教师专业发展的主体性问题、目标问题、动力问题以及发展路径问题。[②] 教师自我认同的核心是价值认同，虽然教师有特定的角色，他们在适应社会发展的过程中也需要以自身的价值立场和思想行动去修正和构建自身的角色身份[③]，从而达到外在约束与自我价值的平衡。而

---

① 常倩.社会转型与当前社会心态失衡现象研究[J].华南师范大学学报（社会科学版），2012（05）：159-162.

② 孙二军.教师专业发展中的自我认同[D].西安：陕西师范大学，2009.

③ 蔡辰梅.教育变革中教师自我认同的制度困境及其重建[J].教师教育研究，2019，31（04）：22-27.

自我认同的焦虑和迷失也与社会心态失衡和自我实现需求密切相关。[①] 对比以往的观点，我们可以发现自我认同不再是外加式的认定，现代社会个体与共同体的逐渐分离也导致了个体认同感和归属感的缺失和困境。是什么因素导致了教师社会心态的失衡与演变？他们在社会心态失衡的状态中获得了什么？如何体现自身的价值认同？在与主流意识形态的对立中这种自我认同是如何发挥作用的？我们需要进一步开展调查和研究才能明确这些问题。

梳理至此，我们仍有很多内容尚未发掘完善，并发现已有研究文献对于教师社会心态研究存在欠缺之处。在教师社会心态研究中，学者们更多从群体层面探讨而忽视了个体视角。大部分学者研究的是如何借助外界力量呼吁和引导陷入社会心态失衡的教师，忽视了他们自身的意识和价值认同取向的变化历程——驱使他们行动倾向的心态演变过程。在特定条件下，他们的理性价值追求、社会认知、经历和需求等都会影响他们的自我认同和意识构建。因此，教师的自我实现是一个重要的研究内容。我们将自我认同和自我实现纳入本书的分析框架中，以便更好地理解教师社会心态的状况。一方面我们要处理好群体表征与个体意识之间的关系，另一方面要深入探寻和了解教师社会心态形成的过程、自我实现需求与自我认同的重构。

第二节 理论框架：社会心态失衡的表征与深层原因

本书将融合心理学、社会学与教育学等学科的视角和理论框架去了解和分析教师社会心态的困惑与对策，从社会心态失衡问题出发去分析个体价值与社会价值之间的关系。在此，我们将借鉴任裕海与杨茜的研究思路，来探讨自我认同的需要与过程。他们认为自我认同是身份认同的重要组成

---

① 于波.我国主流意识形态建设的机理探究：基于阶层分化的背景[J].江西理工大学学报，2020，41（02）：13-18.

部分，而主体对意义的组织往往是围绕自我认同展开。[①] 理解身份认同的意义以及在个体与环境互动的作用，就需要对自我意识和自我结构进行讨论。在社会环境中，社会性自我是个体与各种不同人群之间的联系以及从中得到的认可，从个体与环境的互动与联系中我们往往能分析个体心智的感知以及自我意识的不同方面，从主观意识和客观反映中了解个体的自我需要以及在群体中的位置、理解和经历等，由此产生差别化的自我价值认同。自我认同是个体社会化的一部分，个体与他人交流互动的过程中，其心智和自我会得以成长和发展。因此，个体与环境的关系是信息交换与自我意义确定的路径与桥梁。

根据任裕海与杨茜的研究，本书主要着眼于三方面视角来展开分析。第一视角是"社会境遇"，包括个体与社会关系、生存状态以及社会交往等方面。[②] 这些因素将直接影响教师自我获得感与价值感的水平，也是我们开展分析和研究的微观影响因素。这些因素都与社会变革、市场经济以及信息时代的发展密切相关，使个体迎来了多元化的价值演变，自由度也在逐渐扩大，自我价值的认同也逐渐多元化和自由化。这些现象反映了人们通过市场和社会来满足个人需要，逐渐超越了血缘、地缘和政治身份的局限，摆脱了对原始共同体的依附，社会关系更加自主性，而自主意味着不被别人干涉，就是"以自己的方式追求自己的善的自由"[③]。教师在经历教育变革与多重身份叠加要求的挑战下，其旧有观念与行为倾向暂时未能突破，在滞后与转变的冲击中形成了复杂多样的社会心态矛盾。社会的发展与开放性使得他们对于身份认同的表征和自我实现的需求也发生了改变，激发了他们对话语权、自我表现、价值追求与自由等方面的意愿。这些意愿与他们的社会境遇密切相关，在面临阶层差异或能力等方面差异时其表现会尤为强烈。不同的生存状态，社会交往范围又使个人对自身价值追求与身份

---

① 任裕海.全球化、身份认同与超文化能力[M].南京：南京大学出版社，2015：3-7.
② 杨茜.我国教师身份认同的当代境遇及其伦理路向[D].上海：华东师范大学，2019.
③ 以赛亚·伯林.自由论(《自由四论》扩充版)[M].胡传胜，译.南京：译林出版社，2011：191-195.

认同有所不同，使自我实现的需求和表现也呈现出差别化。当个体的社会期望水平与自身的综合能力状态相距较大时，教师往往会产生焦虑、浮躁等社会心态失衡的状态，并在快速发展和急剧变化的环境中迷失。为了在困境中争取一丝自我存在感和价值感，这些教师产生了急功近利或消极回避的两极化现象。为了维护自身的价值认同，在社会境遇中争取自身的话语权，他们需要用另一种方式维持自我实现需要，比如"伪超脱"就是本书着重分析的一个核心内容，是社会心态失衡的教师应对社会转型与变革压力的一种自我实现的方式。

第二个视角是"认知活动"。这里的认同包括感知、记忆与思维等方面的内容，涉及个体与周围环境、文化的交互关系与反应。[①] 在本书中，它首先是教师感知社会环境、多元化价值文化等方面的探索与构建过程，如城市与乡村环境、工作环境、网络文化以及其他外界因素影响下的个体社会认知过程。其次是自我认知与反应，当个体主义文化与集体主义文化产生碰撞时，个体将如何看待和处理自身的兴趣、需求与价值判断；为了适应周围环境的影响，个体又需要对认知结构做出哪些调整，从而适度地实现感知调控与感知互通交流。在研究中我们发现，教师在与社会环境的互动过程中会产生复杂和不稳定的认知图式，在不同的场景和情境中会结合自身特征做出选择和反应。比如，在工作中展现出进取与回避交替的状态、兼备职业荣誉感与浮躁、拜金主义、无欲无求而又迷茫等矛盾的现象。在这样的认知表征中，我们不仅可以看到教师对职业的认同状态，同时看到了他们对于自身价值感的争取与认知调节的失衡。他们的社会心态问题也是一种认知失衡与探索的体现，是个体自我的一种另类的争取方式。我们认为，教师的社会心态失衡问题呈现也是个体处理外界情境和多元化价值取向的认知调节过程。在复杂的社会环境中，他们试图通过改善和调整自己的认知活动适应环境的变化，从而在多元化的文化环境中为自我价值认同与实现争取到一席之地。

---

① 任裕海.全球化、身份认同与超文化能力[M].南京：南京大学出版社，2015：191.

第三个视角是"身份认同",是个体或群体意义上的自我定义,也包含在人际和群际交往中的行为倾向表征,以及行为从其他个体或群体中获得的社会反映。身份认同既包括个体对自己角色、地位、关系等意义的自觉认识和肯定,也包含了个体与社会的关系。[①] 任裕海认为身份认同主要由个体人格特征、价值观和社会群体类别属性三个方面组成,涉及自我认同、社会认同和文化认同等维度的内容。其中,社会认同和文化认同等方面的意识主要是通过个体的社会境遇的状况而逐渐形成,是一种来自外界的影响力量。而自我认同则是个人层面的定义,它包括个体的自我目标、价值观、信念信仰、自我评价和自我认知等方面的内容。自我认同是个体与社会互动中不断觉知、反思、发现,并对自我生存和自我生命价值的探索与追求,也是个体自我形象、自尊和理想自我形成的重要途径与方式。因此,个体的自我实现和社会心态状态不仅取决于社会认同与文化认同,还与其自我认同与自我价值追求息息相关,杨茜把这种与自我认同的意识与教师真实自我身份相联系起来,引发我们对重视教师的生命价值、重拾自我价值感和生命意义感的思考。

本研究中的教师,并没有较为优越的社会境遇来改善他们的社会心态和职业发展状态,但这并不代表他们没有自我实现的愿望和追求。在个体与环境的互动关系中,如在社交网络、消费、工作状态、日常生活等不同的场景中我们都能发现隐藏在社会心态失衡问题背后的自我实现和身份构建需求。这种自我实现的需求是相对隐性的,它未必都会通过直接表达的方式传递出来,但我们通过它更能了解教师失衡的社会心态与行为倾向。例如,刚刚步入社会独立生活的青年教师,一方面要在事业上有所建树,另一方面又要解决恋爱、婚姻、家庭等问题,再加上市场经济条件下的各种经济形式、各行各业各类部门、不同地区的待遇差距逐渐拉大,使青年教师面对多种价值观和众多选择机会的影响,产生不安心于教育工作、渴

---

① 任裕海.全球化、身份认同与超文化能力[M].南京:南京大学出版社,2015:3-5+9-11.

望流向待遇高的部门或弃教经商的心态，又或是主动降低自我需要层次，安于现状，随波逐流，当一个无欲无求的"佛系教师"。[①] 这两种现象都是教师对自我实现的变相争取与追求。如果抛开他们对自我实现和需要等因素的考虑，我们也许无法完全理解他们做出行为选择的初衷和各方面的考虑。那么是什么驱使他们不断地追求超越自己和他人，追求个体自由和更高的社会地位，苦苦挣扎于理想与现实的鸿沟中寻不到出路？那些看起来消极、悲观、偏激和急躁的心理表现和行为选择隐藏着他们怎样的想法？这些问题往往是我们研究教师社会心态时容易忽略的内容，也是本书希望探析的关键部分——自我实现与认同，是在任裕海与杨茜的研究基础上进行的拓展与延伸，我们将其独立出来作为分析教师社会心态失衡问题的脚手架。自我实现的需求驱使个体进行行动并选择，之所以是隐形的影响，是因为它处于个体需求的最高层次，而又往往需要向内探寻和发掘，但这些内容能帮助我们揭示社会心态和行为表征的问题与矛盾之处。自我认同需求、身份构建与社会认知等概念与个体的自我意识紧密相连，在理解教师社会心态过程中具有重要的辅助作用。

任裕海与杨茜的研究中凸显了社会境遇、身份认同的相互作用性与工具性，对于我们在社会转型期、经济快速发展以及教育变革背景下探索社会心态与价值取向的联系，在多元化价值取向影响与促进下，在不同境遇中理解教师社会心态失衡的表征与深层原因具有重要的借鉴意义。本书要阐述的内容主要围绕这个研究的构架展开，在不同的场景中分析这类教师的自我实现与社会认知问题。自我实现的需求作为贯穿全书的关键线索，它与自我认同共同组成架构的核心，在不同的社会境遇与认知活动下得到多元化的呈现与论述。本书的几个章节会从教师的身份实践、角色认同、社会认知以及职业流动等方面呈现社会心态问题，这也是他们争取自我实现权利的重要体现。

---

① 沈家骅.青年教师主要心理倾向及调适对策研究[J].职教论坛，1999（07）：33-34.

小　结

通过对国内外文献的梳理与整合，我们意识到自我实现与自我认同是分析当下教师社会心态的关键。要理解教师社会心态失衡的表现，就需要将他们当作有基本需求和价值追求的鲜活个体来看待。在经济发展不均衡、区域不平衡的当下，社会阶层差异与地域差异等问题如何影响教师的自我认同与身份构建，他们又会如何应对急躁和焦虑泛滥的社会压力。本书将探讨不同社会环境与不同场景下，教师如何对各式各样的压力与要求做出相应的反应与应对措施，如何满足自己的各种基本需要与自我实现的需求，如何在重要关卡口上做出选择，为此，本书要重点分析以下几方面的内容：

首先，这部分教师的自我实现与身份建构需求具体体现在哪些方面。例如，他们是如何规划自己的职业生涯，如何看待工作、生活中自己的角色，选择职业流动的意向与心态如何，又是如何看待社会现实问题与自我获得等个体需求的矛盾的，等等。

其次，他们真实自我与生命价值感的来源。比如，他们从哪些方面更能收获成就感、幸福感与价值感，怎样进行自我认同与期待，如何看待自我与社会的关系、在不同角色和场景中找到自己的归属感与存在感，又是如何处理日常的社会关系的，等等。

为了更清晰地呈现研究的思路构架，我们通过一个框架图来梳理各个视角之间的联系与关键的内容（见下图）。

第二章 文献回顾与理论框架

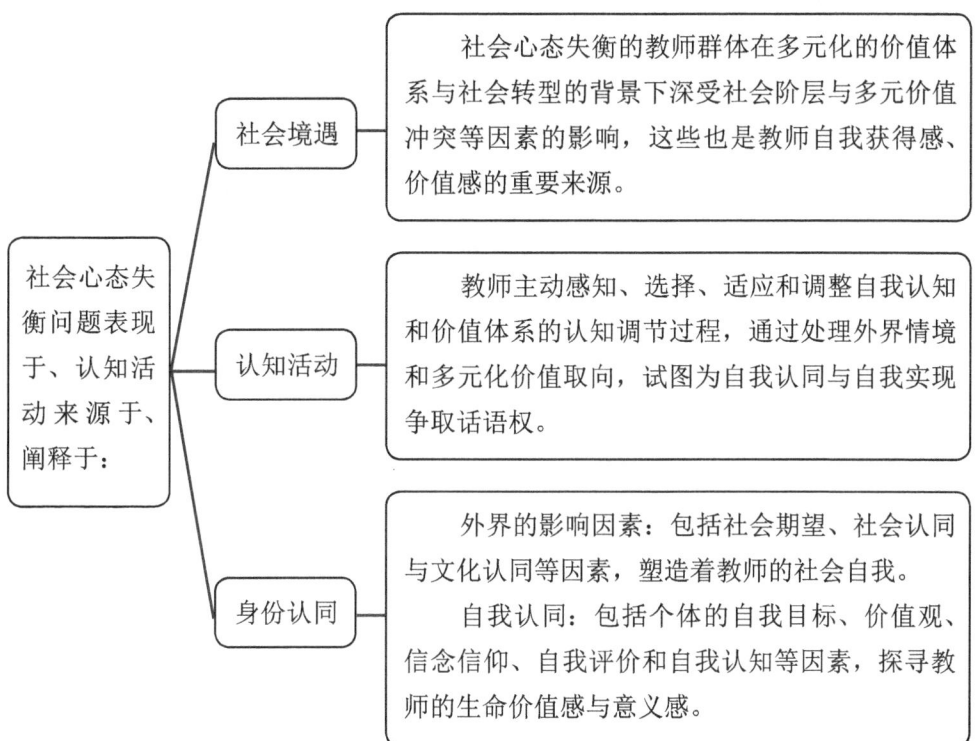

教师社会心态失衡与身份表征分析架构

第三章　研究目的、准备与伦理

社会心态反映的是一段时间内弥散在整个社会或社会群体类别中的宏观社会心境状态，是整个社会的情绪基调、社会共识和社会价值观的总和。[①]而教师在快速变迁的社会中会产生怎样的心态变化？这系列问题引起了学术界的关注。研究教师社会心态的不同目的、不同手段、不同视角和不同策略，存在着丰富的思想内容，这为后期开展研究教师的社会心态的方法以及规律奠定了理论基础。

第一节　研究目的与问题

本研究主要有两大目的。一是，深入考察教师群体的社会心态，包括其社会认知、社会需求、社会情绪、社会行为、自身投入、外界支持，探索他们是如何在日常工作与生活中表现自己的社会心态；二是，通过从教师群体自身的视角来探讨其对工作感受、投入与生活欲望的问题，以更好地了解我国教师社会心态的状况，并针对教师群体存在的社会心态问题提出行之有效的应对策略。

围绕这两大主要目的，本研究提出以下研究问题。

1. 教师群体如何描述自己的工作与生活观念？
2. 社会环境如何影响教师群体的日常工作行为选择？
3. 他们通过何种行为释放自己的压力与负面情绪？

[①] 胡洁.当代中国青年社会心态的变迁、现状与分析[J].中国青年研究，2017（12）：85-89+115.

4. 他们如何描述自己的工作投入？

5. 他们如何理解消极的社会心态？

6. 在多元价值和多元社会文化背景影响下，教师群体会有什么样的社会需求？期待外界提供何种支持？

7. 他们如何看待自己正在从事的教师职业？

8. 与其他工作相比，他们如何看待自己当前的工作和所处的位置？

9. 他们有着怎么样的生活欲望？

10. 纷繁复杂的网络与现实世界，对教师群体的成长产生了怎样的困难？

11. 部分教师群体的社会心态已呈现矛盾融合发展的态势，他们会选择奋进还是逃避？

近几年，我们查阅了相关的文献、著作等资料，看到了在社会心态问题上不同学者围绕着它的定义、内容、对个人及社会的影响方面展开讨论。我们意识到，教师群体社会心态问题，无论是对教师个人而言，还是对整个社会乃至整个国家而言，都是一个值得我们关注的议题。然而，考究教师群体社会心态的情况并不容易，它的复杂程度远超出了我们的意料。它集中反映了什么社会问题，教师个人工作与生活态度，在这些问题上，学者们评价各异，都不可避免存在主观想法。

总体而言，教师群体社会心态问题不能一概归结为是社会发展的隐患，或社会复杂环境带来的结果，但若把它视为正常地排解消极情绪也不符合其教书育人工作的要求。它的变化性与复杂性容易让教师群体在工作与生活中无所适从，影响其育人效果。为了更好地了解教师群体社会心态存在的问题，我们认为有必要从一个新的视角去审视——我们不仅要站在学者、专家们的角度去看待教师群体社会心态问题，更要从教师群体自身的角度出发，认识和体会他们的感受与想法，确保我们做出的结论与建议，是切实有效的，能够帮助教师群体摆脱社会心态的矛盾困境。但现实是，多数学者对教师群体逃避、躺平、佛系等消极的社会心态持反对意见，人们对这种社会心态的随波逐流合力塑造了一幅关于教师社会心态的图景。从某种程度上来说，这曲解了教师群体真实工作与生活的经验与感受。学者们角度不同，关注点不同，但都在教师群体社会心态问题上持有不同程度的见解，这也造成了学者、社会大众与教师群体自身之间的理解偏差。

教师群体的日常工作与闲暇活动、社会情感与社会认知、价值观念与目标期待、面对的社会环境、获得的外界支持等，都是我们探索教师社会心态问题的重要基础。不关注这些真实存在的问题，就难以对教师群体社会心态进行全面、深入的探究，只停留在问题的表象，无法提出具有针对性、科学性以及可操作性的策略与建议。因此，我们首先要做的就是厘清教师社会心态呈现的特点与社会文化发展的趋向。在接下来的几个部分，我们将重点了解：其一，社会文化发展的现状与趋向；其二，社会环境与教师群体价值理念的状况；其三，社会心态变迁规律的表征。教师群体社会心态变化的背后究竟面对着怎么样的社会环境？是什么因素导致教师社会心态摇摆不定？回答这些问题，将有利于我们探索在一定社会背景下教师群体社会心态面临的困境，有利于我们理解他们，并为他们提供突破社会心态困境的建议与策略。

第二节　研究准备与步骤

研究"教师社会心态"是一个令人既好奇又深感特别的过程。两种心情的产生，究其原因都与研究的问题的别样性有关，之所以别样，是因为他们的工作方式与观念与一般教师不相同，其社会心态呈现出逃避或者奋进。对于研究教师的社会心态，很多人感到好奇，他们会问一些问题。例如，你当初为什么要研究"教师社会心态"？研究什么类型教师的社会心态呢？研究有什么用呢？是不是要进入他们学校实地调研呢？他们在学校工作的状态是怎样的？会愿意配合调查吗？又是怎么与他们沟通的呢？搞这个研究心情如何？这是大家的好奇，也是当初我们的怀疑、犹豫、担忧、焦虑等一切心情的原因。而当我们进入学校，又面临另外的一堆问题，比如在学校里我们应该如何展开调查？当他们不愿意接受调查的时候我们怎么办？如何选取出被调查的教师，我们该如何从侧面反映问题，我们的调查会不会对他们的叙述有什么影响，又有怎样的影响？为什么研究得出的结论是这样的，而不是另外的样子？如果不同时间段做研究，或是换个人研究，会发生怎样的情况？结论还会是相同的吗？

研究前后做了两年，这些问题一直伴随着我们，时至今日仍然在思考。每每想起研究的经历都觉得是珍贵的经验，无论有多少不足，总是一种学术研究，更是个人经验的积累、专业上的成长。我们执着于此，也从研究过程中深感研究之酸甜苦辣。

一、研究准备

（一）走进研究对象的内心

在研究开始前，我们对研究对象和研究范围不熟悉，为了在较短时间内熟悉起来并验证假设是否可行，我们通过上网搜索资料，选择粤西一个学校做了为时两个月的预研究，以开拓资源，同时梳理自己的思路。在这个时期，文献整理也给我们很多启示。根据前人的研究，教师心态（汪菲[1]，2017；介红玉[2]，2018），教师直面挑战（张树宗[3]，2018；李冰玉[4]，2019；罗刚淮[5]，2020），教师样态解读（Qu Qiuyang，2017；Ejinsight，

---

[1] 汪菲.教师不应有"佛系心态"[J].广西教育，2017（46）：1.
[2] 介红玉.青年教师莫做"佛系青年"[J].教学与管理，2018（17）：60.
[3] 张树宗.直面挑战，不当"佛系"教师[J].读写算，2018（05）：118.
[4] 李冰玉.告别"佛系"走向"狼道"：教师队伍建设心理助推策略[J].教学月刊小学版（综合），2019（09）：12-14.
[5] 罗刚淮.教师当告别"佛系"[J].教学与管理，2020（05）：76.

2017；张艳、朱奎泽、沈先陈[①]，2020；吴茜[②]，2020；卜建华、贾诗琦[③]，2020；陈希、周松[④]，2020）是较为重要的讨论点。社会心态是一段时间内由弥散在整个社会或社会群体／社会类别中的社会共识、各类需求满足与否的感受、社会情绪及社会价值观、社会行为共同构成的一种社会心境状态。社会需求是社会心态的动力基础，社会需求的满足与否通过情绪感染推动民众弥漫性社会情绪的产生，进而通过社会认同和沟通形成社会共识，而社会共识进一步积淀形成更稳定的社会价值观。社会情绪、社会共识和社会价值观又共同影响教师的社会行为，体现了社会心态中社会需求、社会情绪、社会共识、社会价值观和社会行为倾向的逻辑建构。通过对教师社会心态变化的分析，我们发现社会现实的变化形塑了社会心态的形成机制和动态变迁，而社会心态成为教师工作的风向标和"晴雨表"。根据文献和我们的研究设想，我们设计了访谈提纲，主要包括我们想要研究的内容：教师对于工作的看法；身份、工作与生活环境；职业认知、情感与选择；职业心态与流动意向；人际关系（包括与学生、同事、家长和家人等的关系）和相应的解决策略。

研究前期，我们意在理解教师对于自身的教育生活的看法，因此把岗位作为立意抽样的研究标准。在湛江市区的某个小学我们抽取了第一个受访者。他叫小明（化名），是一名工作10年的普通教师。在他的推荐下我们认识了他的朋友阿强（化名）。随后我们对他们开展了访谈，在和他们的交谈中，进入了他们不同的工作与生活场所，例如办公室、所带班级、教职工宿舍、日常休息的校园一角等。这些地点环境不同，桌椅摆设位置、

[①] 张艳，朱奎泽，沈先陈."佛系"现象的样态解读及成因探析[J].新闻知识，2020（08）：25-30.

[②] 吴茜."佛系青年"的身份实践：兼具"阶层"与"个体"的话语表达[J].中国青年研究，2020（07）：76-80+86.

[③] 卜建华，贾诗琦.新媒体时代佛系青年文化的心理生成与引导机制[J].思想政治教育研究，2020，36（05）：61-65.

[④] 陈希，周松."佛系青年"现象的主要特征、成因分析与引导策略[J].河北青年管理干部学院学报，2020，32（03）：5-10.

颜色、形状，以及教师的个人情况（性别、年龄、学历等）、待遇、学校所处地区、工作情况（包括任教学科、任教年级和教龄）等情况皆有差别，教师在其中的体会和经验，比如对工作的理解和看法，对教师这个职业的评价就会不相同。他们对待生活的态度也不同，甚至对职业规划也存在差异。因此，我们尽力选取不同区域（市区、县城、乡村）、不同阶段（高中、初中、小学）、不同科目（语文、数学、外语……）的教师开展访谈。随着研究的推进和教育工作人员的接触的增多，跟他们其中一些渐渐变得熟悉起来，我们便有机会到他们的宿舍或家里一起吃饭聊天，或一起参观学校附近的公园，逛逛街，参与他们生活中的不同场景。在这过程中发生的各种事件、交流和联系的构建让我们从不同方面了解了教师的工作与生活方式，也让我们更明白哪些地方是研究的重点。

在和很多教师交流的过程中，我们渐渐了解了一些新话题，比如职业幸福感、现实与期望、婚恋观、职业定位、家庭环境、社会影响等。其中与学生打交道、与家长的联系总是成为谈论的主要方面，无论我们有没有问起，他们都会自然讲到自己与学生、同事、家长的联系，教师对于学校、学生和家长的看法常常占据聊天的大部分时间。这些话题能够激起教师的表达欲望，为我们的研究提供第一手资料，关于他们工作与生活的话题就逐渐地丰富起来。我们逐渐意识到学生的表现是一个重要变量，于是将其纳入研究内容中，尽量选取不同区域、不同阶段、不同科目的教师，期待探讨学生的表现对教师今后的工作和看法产生的影响。

除此之外，从教师的叙述中我们发现教师待遇和校园氛围对于教师的生活道路选择有很大的影响。待遇差异对于教师的流动具有重要的影响，由现实压力对于他们流动的冲动和后来的生活方式的影响更大。这一点在其他关于教师流动和影响因素的文献中也有反映（肖庆业[①]，2018；刘昱宏、

[①] 肖庆业.农村教师职业流动意愿及其影响因素：基于二元Logistic回归模型的实证研究[J].基础教育，2018，15（05）：36-45.

许川勇[①]，2020；董京京[②]，2010）。在调查数据收集和分析中我们也特别留意教师叙述的有关内容，比如他们的家庭情况，对学校福利待遇的描述，对流动的看法、计划，在日常教学中的感受，以及这几者之间的关联等。

个体因素、家庭因素、工作因素、学校因素、地区因素以及社会因素等各种因素对教师的职业心态有着直接的影响。教师谈到了许多他们日常生活和工作内容的方式和看法，在交流中我们也了解到教师对教育实践的解读和态度，我们发现社会认知对于日常工作的影响很大。这也成为我们的关注点之一。

随着研究的推进，以下六个主要方向逐渐显现出来：教师的样态与成因；角色、工作与生活环境；社会认知、情感与选择；职业心态与流动意向；"伪超脱"（自我获得的另类方式）和相应的解决策略。这与最初的假设既有吻合之处，也有不同之处，我们一边收集整理一边分析，再根据手上的资料决定下一步该去哪里。

（二）不同地区的环境与研究策略

在广东地区，珠三角与粤东西北地区发展不平衡，教育水平存在较大差异。在珠三角，更多的是了解教师的研讨活动，对于粤东西北地区的教师，主要从平常的工作入手。市区、县城和乡村的教师生活环境不同，问题出现多样性、复杂性、整体性和多种可能性的交织，教育观念也存在差异。因此，在不同的地区需要采用不同的研究方法，才能更好地从不同角度去感受教师的真实心态。

从最初的访谈开始不断积累经验，最终形成了较为成熟的访谈提纲，主要涉及以下几方面：

基本信息：包括性别、年龄、教龄、学校所在地。

工作环境：学校环境、工作氛围、人际关系。

---

① 刘昱宏，许川勇.县域内农村教师职业流动意愿及其影响因素分析[J].科教文汇（上旬刊），2020（07）：34-36.

② 董京京.农村中小学教师职业流动意愿及其影响因素研究[D].武汉：华中农业大学，2010：32-63.

职业心态：职业理解、职业目标、职业规划、职业体会、职业流动意愿、个人思想社会的认知评价和情感态度。

提纲只是起到一个提醒的作用，让对话有个大致的方向。在访谈中我们渐渐发现，有些话题经常出现，例如他们会提及没时间陪伴家人、说到日常教学工作、会议时间、管理学生的方法、调皮学生的应对方法等，一说起教育方面的事情，他们会比较感兴趣，精神也提起来了。提及这些，他们感到很亲切，因此会热情高涨。教师起到为人师表的作用，然而，教师遇到教育教学问题的时候，家长大都不会理解教师，面临着来自家长和学生的压力，教师容易产生职业倦怠。

（三）教师工作环境

工作环境在概念上并没有确切的界定，很多研究者认为应该从工作安排、工作物理条件、心理环境来实证考察工作环境的构成要素。工作安排具体指个体在工作岗位中所接受具体工作任务的安排，包括工作时间、工作加班安排等；工作物理条件是个体在工作中所处的客观环境，包括个体所处的工作场所（比如工作场所是否有粉尘、噪声、辐射等问题）；社会心理工作环境，以卡萨可（Karasek，1985）提出的模型"需求－控制－支持"为主。同时有一些其他研究者将工作环境的组成部分界定为物理工作环境和心理工作环境这两个部分。张彦对社会个体的工作环境深入探究，认为客观工作环境、主观心理环境、组织工作环境是构成社会工作环境的三个主要要素，其中客观工作环境包括工作场所、劳动报酬、工作时间；主观心理环境包括工作压力、职业期望、工作满意度、工作认同感、职业获得感、组织归属感；组织工作环境包括工作自主性、人际关系。[①]

---

① 张彦.从个体情绪到总体性情绪的跃迁：中国城镇居民工作环境满意度实证研究[J].社会发展研究，2016，3（01）：48-79+243.

二、研究步骤

在一年多的研究中我们主要在广州、东莞、揭阳、茂名、湛江、清远、揭阳、汕头、汕尾、中山、阳江、河源等地区的市区、县城和乡村十余所学校定点研究，定期进入学校观察教师的日常工作。除在学校之外，我们还进入教师休息的地方，还跟他们一起去他们经常出行的地方，了解他们的教育和生活理念，这是很有意思的经历，也不禁引发我们的思考。

（一）走进

如何认识和了解教师，是研究初期的难点，也是以后要继续突破的一点。在确定了研究方向后计划通过两个路径行进，一是通过校长或者领导介绍，二是想办法找到教师本人进行采访。对于第二个方向，我们一开始觉得很难把握。一般人觉得教师心态问题难以揣摩，如何判断教师是逃避抑或奋进的心态，是一项具有挑战性的工作。起初我们也是这样想的，如何界定教师心态，需要确定相应的评判标准，比如对工作的兴趣程度、自我效能感不足的时长、对教师职业规划、自我价值、自我评价、自我意向、自我感受等。这些思考是我们研究时不确定形成的，经验不足，因此经过衡量，我们决定尝试第一种方法，希望通过校长或者领导介绍一些教师以供我们访谈，比如平时参加活动表现不够积极的教师，对很多事情表现无所谓态度的教师，想转行的教师等。在校长的推荐介绍下，我们对教师开展访谈，设计了关于社会心态的问题。但我们依然存在困难，在"非常不符合""不符合""一般""符合""非常符合"这五个选项中，受访教师大都会选择"一般"这个选项，这对于我们分析问题带来了难度，难以判断受访教师的真实心态。我们在设计问题时，也特别小心，反复打磨。在研究过程中，有些校长也会拒绝，他们谈到找教师接受采访很麻烦，也由于教师工作很忙，没有时间接受访谈。这让我们的研究进度极度缓慢。我们也担心接下来的路应该怎么走，在这之前已经有了举步维艰的感觉和充满展开研究的压力。

幸运的是，有些校长和领导给我们推荐了教师，我们顺利开展访谈，在周末我们前往镇中小学开展研究。第一次我们找到了一位中学教师——小A进行了访谈，这次访谈非常顺利。我们找出之前设计的访谈提纲，问了教师对于职业本身的理解、期待等方面的内容，我们刚开始以为小A不愿意给我们录音，后来发现她很热情地接受我们的采访，她的支持增强了我们对继续开展研究的信心。我们告诉小A，所有收集到的材料只是用来做研究，不会泄露个人信息出去，在不断的交流中，我们建立了朋友间的信任。她逐渐了解了我们在搞教育研究，十分配合我们，表示十分愿意帮我们联系调查对象，后来她还给我们介绍了在村小的一个朋友小B。那是4月晴朗的一天，午后我们去村小，这里环境简陋，办公室陈设简单，整个办公室只有一台电脑，没有空调，每位教师配备一张桌子和一把椅子。教室里面是传统的黑板和课桌，四周是教育家的名言，后面是板报。在参观完教师平时的工作地点后，我们选择校园一角坐下来，与他们交谈了大概2个小时，我们的访谈就这样进一步深入。我们存在部分相似的地方，比如年龄、工作时长、较少时间照顾家人等等。

我们不断深入研究，在朋友的帮助下，我们进一步开展研究，也逐渐明白了作为研究者，熟悉环境非常重要，包括人文风俗、生活环境、当地语言和人们的信仰。同时，我们必须找到一个介绍自己和研究方向的恰当方式，以便让受访者了解我们是谁，是做什么的，为什么要展开这样的研究，而他们在调查中的作用是什么，在调查的时候既达到调查的效果也给别人留下良好的印象，让对方了解调查缘由是非常关键的。经过一段时间的实践，我们总结出了以下要点，这为我们开展后续的田野研究工作起到了重要的作用。

（二）坦诚自己的身份，用恰当的方式介绍自己

我们告诉受访对象我们在研究教师教育方面的内容，由学历资深的教授带领我们开展教育研究，我们是教师，同是教师，让他们有一种亲切感和熟悉感，也便于开展访谈。我们也向他们说明我们根据调查结果撰写论文和著作，只是为了开展研究，针对性提出策略，以便为教育事业发展提出一些参考。在坦诚自己的身份后，受访教师放下了心中的忧虑，对于参

与访谈表现出很高的热情，我们的研究赢得了他们的信任，他们很配合我们。有些教师还认为很幸运有机会参与调查，于是愿意敞开心扉跟我们说他们的日常工作，在交流中我们也逐渐了解他们的教育观、价值观等。

（三）介绍研究初衷

研究的时候，有些教师会产生疑惑"做这个有什么用"，"我的个人信息会不会泄露出去"，有些受访者还表示想看访谈内容。在研究开始前，我们用简单通俗的语言向他们说明我们的身份，包括访谈是关于什么方面的，调查的初衷，调查他们的缘由，我们想要知道什么，获取的数据用于何处等等，从而让他们选择是否愿意参与调查，尊重他们的观点，这样会给对方留下真诚、严谨的印象。在这一点上我们有两点较深的感受，首先是专业语言，其次是使用日常语言交流。在和受访教师交流时，用通俗的语言交流能够拉近与教师的距离，因此，我们提前想好如何把专业学术类的语言转换成日常语言。例如，"自我效能感"转换成"完成工作的信心"，"职业幸福感"转换成"工作开不开心"，"教师专业发展"转换成"打算怎么发展"。有时候使用专业语言表达很有妙处，例如有一次采访，我们看到受访教师表现出紧张的神情，回答的问题也要思考较长时间，我们猜想这位教师在衡量哪些能说哪些不能说。当我们用上学术语言，他们会觉得我们是专业的，也更愿意表达个人见解，敢于说出内心更多想法。同时要注意教师的表情，营造和谐的氛围。

（四）课题研究注意创新性、实用性、可行性

课题研究要根据实际情况开展，确定好大纲后，在实际开展中做出小部分调整，应展现研究者的智慧，揭示一般规律并对现象做出解释。研究做到有目的、有计划、有系统地采用科学的方法去探索未知，认识客观真理，在过程中不是重复已有的理论，而是进行创新。要注意课题的实用性，研究是发现问题、分析问题和解决问题的认识活动，在研究时，要善于捕捉问题，提出实用性建议。特别注意是否可行，考虑调查时间、地点、范围。课题取材来自鲜活的教师现状，现实性强。我们重在研究教师社会心

态,从教师的一言一行判断其选择逃避还是奋进,分析教师日常工作和生活中的困难,适当给予建议。

(五)表现出真诚、理解和关怀

在调查时,让对方感觉我们不是单纯索取数据然后转身离开,而是带着真诚、理解和关怀去了解他们的日常工作和生活。在介绍我们的项目时,我们都会告诉他们,做研究目的是了解教师的社会心态,选择向现实妥协还是追求更大的目标,从而让更多人了解到教师的内心世界。真诚的态度让他们觉得自己在研究中是重要的一部分,感受到我们对他们的关注。我们在研究的时候也常思考如何才可以改变教师的不良社会心态,转变尴尬的局面,理解教师本身的处境,平和应对。开展访谈都需持续一段时间,次数不止一次。除了日常交流,我们还会走进他们的工作中,去听课,一起去逛校园、逛公园等等,一方面是我们想从不同角度去了解他们;另一方面是让这些教师感受到我们关心他们的生活,给予人文关怀,拉近我们的距离,增强研究的真实性,加快研究速度。

要和教师建立长久的联系需要付出时间、精力和感情,建立良好的关系需要掌握一定的方法。教师有自己独特的生活方式,我们在研究时需要先了解当地的风俗习惯和日常语言。可以先找到当地一名教师,当地教师会继续介绍其他教师。

总的来说,和教师建立稳定的联系,需要融入他们的生活中,和他们成为朋友。在结合了教育学和社会学等学科开展研究,保持开放、包容的态度极其重要——保持研究初衷,尊重他人的看法,面对不同性格、年龄、学历、教龄的教师,保持开放、真诚、理解和关怀的态度。

第三节 研究伦理与方法

研究理论依据激励-保健理论、需要层次理论和亚当斯公平理论。研究教师社会心态,不仅是记录和叙述他们的实践性见解,也提醒他们反思自身的教育生活与实践。在研究路径与方法上，需要处理好宏观与微观、走近与走进、远望与近观、旁观与当事、书斋与田野、中立与偏倚、客观与主观、批判与建设、实证与推理、应然与实然等诸多关系。通过观察、访谈、教师叙事和实物收集等方法走进教师动态复杂的情感世界，研究的"成果"能够全面、科学地揭示教师的社会心态状况，真实、客观地解释教师群体社会心态之困，这样才能寻求理解与帮助教师群体社会心态的可能方略与对策。

一、研究伦理

（一）激励－保健理论

美国心理学家赫兹伯格于1959年在《工作与人性》一书中提出了激励-保健理论，同时也被称作"双因素理论"。他认为激励因素、保健因素是影响企业员工工作成绩和绩效的主要因素。赫兹伯格在研究中发现，不满意因素是员工容易产生不满和消极行为的因素，也称作保健因素，包括工资、人际关系、公司管理、工作条件等，这是工作以外的因素，如果员工工作中这些保健因素能得到满足，就可以去除员工的不满情绪，保持员工的工作效率。满意因素是能够激励和满足员工的因素，也称作激励因素，这种因素更多的主要是在工作中发生的，包括工作发展、工作成就、职业赞赏等，如果员工在工作中这些激励因素能够得到满足，就可以在更大程度上激励员工，即使得不到满足也不会像保健因素那样产生不满情绪。他认为这两种因素是影响员工业绩的主要因素，但这两种因素彼此之间相互独立，个体在工作中可以同时感受到满意和不满意。

同理到本研究的乡村中小学教师中，联系现实情况，教师工作同样会产生这两种因素，激励－保健理论的运用在一定程度上能够激励教师。教师会因为保健因素产生不满，而学校管理层和教育部门可以关注这些保健因素，例如工资、工作条件、人际关系等，来减少教师的不满情绪。从另一方面来讲，教师也会因为激励因素产生工作积极性和工作满意感。

（二）需要层次理论

1943年，美国心理学家亚伯拉罕·马斯洛在《人类激励理论》中提出需要层次理论，他认为人的需求可以分为生理需求、安全需求、社交需求、尊重需求和自我实现需求，并按照阶梯状分布。人的这些需求的存在具有先后次序的不同，当得到较低需求的满足后，才会以此产生较高的需求。人的行为通过需求来进行推进，当这个需求得到满足后，转而追求更高层次的需求。不是所有人都按照需求层次理论相应的五种需求顺序来获取各种需求，有些人位于低层次的需求，有些人处在高层次的需求。不同组织中的员工需求充满差异性，而且存在变化，因此，应用到本研究中，乡村中小学管理者和教育部门要经常进行不同方式的调研，了解乡村教师未得到满足的不同需求，然后有针对性地进行不同方式的激励。在教师管理工作中，了解教师的需要是运用需要层次理论对教师进行激励的前提，教育管理者可以通过运用需要层次理论激励教师的工作积极性。

（三）亚当斯公平理论

20世纪60年代，亚当斯公平理论是由美国学者亚当斯提出的一种关于公平分配的激励理论，同时也被称作社会比较理论。亚当斯公平理论认为，当个体对自己的报酬知觉与社会相比较发生巨大落差后，就会出现心理上的不平衡，感觉到不公平；当这种情绪产生后，个体为了去除这种情绪，就会采取一些行动来恢复心理平衡。亚当斯认为能够激励员工和使员工满意的重要手段就是公平分配员工的报酬，员工在工作中通过与其他人比较、与社会群体比较、与自己过去比较，由此来判断所得报酬是否公平，当感到不公平时，员工就会产生"改变投入、离开、认知扭曲等"后果。

同样将亚当斯公平理论运用到乡村中小学教师中，当乡村中小学教师在工作中通过将劳动报酬与自己过去的报酬比较、与其他教师比较、与其他职业比较，感到不公平和不公正时，就会产生"改变投入或离开"，即消极应对教学工作或产生离职意向离开工作岗位等行为以恢复自己内心的平衡。因此，管理层在建立教师薪酬制度时要做到公平公正，避免教师产生不公正感。

二、研究方法

使用个案、叙事与调查方法是本研究的主要方法，质性研究和量化研究相结合，质性研究方法通过观察教师的行为展开，量化研究方法根据设计的访谈数据和调查问卷结果展开。采用实践—反思的教育质性研究法[①]，这种方法要求研究必须立足于教育教学实践，研究问题来自教育实践，研究在教育实践中进行，研究结果为教育实践服务，研究者须具有反思意识。一是注重理论构建；二是注重从特殊上升到一般，追求类型普遍性；三是注重发挥社会学、教育学学科知识之间的联系。本部分整理了我们的调查过程、探索经验、个人想法和实践反思，希望对研究教师教育的读者有所帮助。

（一）个案研究法

个案研究以个人或由个人所组成的团体为研究对象，需要搜集和整理有关各方面的完整的客观情况，包括历史背景、测验材料、调查访问结果、谈话等，从而找出被研究对象的特性、问题的形成和发展原因及过程，在某些情况下还包括设计和尝试一些积极措施，以促进研究对象问题的解决。[②] 个案研究就是以一个人、一个团体或一个事件为研究对象，广泛搜集各种资料，综合运用各种方法（包括质的方法和量的方法）和分析技术，对复杂情境中的现象进行深入探究的研究方法。[③] 本课题组认为，个案研究法，是指对某一个体、某一群体或某一组织在较长时间里连续进行调查，从而研究其行为发展变化的全过程，这种研究方法也称为案例研究法。把实际

[①] 陈向明.范式探索：实践—反思的教育质性研究[J].北京大学教育评论，2010，8（04）：40-54+188.

[②] 李俊，倪杭英.个案研究法及其在应用语言学研究中的运用[J].山东外语教学，2006（05）：89-91.

[③] 李长吉，金丹萍.个案研究法研究述评[J].常州工学院学报（社科版），2011，29（06）：107-111.

工作中出现的问题作为案例，接着研究分析，根据某些普遍原理，对社会生活中的典型事件或社会实践的典型范例进行研究和剖析，以寻求解决有关领域同类问题的思路、方法和模式，提出新的问题，探索一般的规律。个案研究法作为一种研究方法在社会科学的许多领域里使用非常普遍。个案研究所独有的深入性、情境真实性、灵活性是其他研究方法所不具有的。个案研究法能够揭示许多人们用别的研究方法所无法了解的问题。当然，它不可避免地存在着一定的局限性。研究人员在使用时，必须采用多种材料收集法，并关注它的信度和效度，对结论做出合理的推理。因此，了解个案研究法的特点和它的局限性对于在应用语言学研究中使用本方法是非常必要的。

（二）叙事研究法

教育叙事研究是聚焦于日常教育生活中的某个故事，分析教育故事中所包含的个体层面和社会层面的基本结构性经验，通过描述个体生活，解构和重构个体生活故事，对个体行为、关系和经验建构进行解释性理解的反思性研究。[1]叙事既是一种探索，又是探索的结果；既是一种现象，也是一种方法。[2]教育叙事强调与人类经验的联系，并以叙事来描述人们的经验、生活意义以及作为群体和个体的生活方式。故事由一连串依循时间顺序的特定事件组成，有开始、中场和结束，包含叙述者、情节、场景、角色、转折点和解答。

（三）调查研究法

该方法是有目的、有系统地搜集有关研究对象的具体信息，也是实证分析的一种。研究者有计划地通过亲身接触和广泛考察了解，掌握大量的第一手材料，并在这一基础上进行分析综合，研究有关教育实际的历史、

---

[1] 周鑫，吴义昌.师范生教育叙事研究能力培养探析[J].教书育人（高教论坛），2021（24）：100-102.

[2] Connelly F M, Clandinin D J. Stories of experience and narrative inquiry[J]. Educational researcher, 1990, 19（05）: 2-14.

现状及发展趋势，找出科学的结论，以指导教育实践。调查法一般是在自然的过程中进行，通过访问、开调查会、发调查问卷、测验等方式去搜集反映研究现象的材料，深入教师群体的生活背景中，在实际参与研究对象日常社会生活的过程中所进行的观察。

小　　结

质性研究和量化研究是教育科学研究的两个重要方法。质性研究方法是以研究者本人作为研究工具，在自然情境下采用多种资料收集方法对社会现象进行整体性探究，使用归纳法分析资料和形成理论，通过与研究对象互动对其行为和意义建构获得解释性理解的一种活动。量化研究是确定事物某方面量的规定性的科学研究，就是将问题与现象用数量来表示，进而去分析、考验、解释，从而获得意义的研究方法和过程。定量，就是以数字化符号为基础去测量。定量研究通过对研究对象的特征按某种标准做量的比较来测定对象特征数值，或求出某些因素间的量的变化规律。本研究采用的是个案、叙事与调查研究的方法，侧重对教师个人心态的探索（常凯[①]，2020）；也会借用教师日常生活探索中的"实践性见解"（practical insights）对现实生活故事的某些关键细节进行理论分析，记录教师如何表达日常生活和教学工作过程，看他们怎样建立自己的价值观和职业观，根据个人实际情况，如何适应教育改革（汪菲[②]，2017）。本章呈现出整个田野研究的过程与数据整理、分析方法，并就研究的个案、叙事与调查研究等做出阐述。

[①] 常凯.“佛系心态”量表的编制及应用[D].成都：西南交通大学，2020.
[②] 汪菲.教师不应有"佛系心态"[J].广西教育，2017（46）：1.

第四章 样态与成因分析：当下教师的身份实践

  我是班主任，每天的工作基本一样，第一个是对班级的学生进行管理，第二个是备课，第三个是行政事务。当然班主任工作也可以细分，比如说对班级的学生进行管理，具体包括学生的考勤、安全、德育教育、知识、教育、宿舍管理、卫生管理等，各个方面都有。一般休闲的时间——其实，我觉得自己基本都没什么休闲时间。

  这是小袁老师在接受访谈时的原话。在访谈小袁老师的过程中，教师的工作杂、压力大、自主安排的时间少等相关表述并不少见，这反映出小袁对自身职业的情感：对自身职业的适应和情怀、对职业压力的无奈和烦闷、对职业前景的迷茫和难解、对职业理想的动摇和坚持，这些都是她作为一名一线教师内心最真实的感受。在对她的访谈中，我们可以感受到她内心对于自身职业的矛盾情感，她毕业后选择成为一名教师，在教育行业工作至今已有 10 年。面对教师这一职业目前发展的困境和压力，她身在其中。在 10 年的工作中，小袁老师觉得自己获得了作为一名教师很多方面的成长，但在她目前生活的三线城市，教师的工资仅仅是满足基本生活，却要承担着来自领导、家长、学生甚至社会期待等多方面的压力，而且教师晋升的渠道单一且困难。就小袁来说，她认为自己在职业上的发展是不明朗的，甚至是困难重重的。面对这份职业的种种不如意，小袁也想过换一份工作，但是要重新去学习一个行业的知识，适应一份新的工作，对小袁老师来说几乎是不可能的。因此，对于自己的职业，她最大的感受是无奈。于是，小袁表示目前生活中就是做好自己工作的本分，对于向上发展缺乏动力，然而内心还是希望有一些机会让自己能"再上一层楼"，处于行为上"无欲无求"，心理上"仍有不甘"的矛盾状态。

小袁对教师这份职业的感受在我们访谈过的对象中并非独例。教师作为教育的主体，在文化承载和思想传播方面发挥着不可替代的作用，而具备良好的社会心态是教师实施教育职责的基本要求。[①]职业和理想是人生中非常重要的部分，职业发展的状况更是直接影响着我们的人生质量。在生活中，我们交谈的话题、交际的群体等都离不开自身职业带来的影响，人们三言两语总离不开专业发展和个人成绩。教师专业发展总会经过几个特定的节点，在不同的节点做出选择和行为，教师个体总能为之找到解释的理由。对于具有不良社会心态的教师个体而言，职业生涯对他们的生活选择有什么影响？反过来说，走进专业发展停滞所带来的迷茫之中的他们对未来的抉择又是怎样的？他们经历了什么？是否还对专业发展抱有期待？到底对目前的他们而言，职业意味着什么？他们如要寻找出路，又如何认识教师行业和突破自己的发展困境呢？这是本章的核心内容，一是自身认同、行业现状与教师社会心态之间的相互影响和关系；二是具有不良社会心态教师个体的职业经历与经验；三是处于迷茫中的教师个体为实现职业和自我发展突破所做出的努力。

第一节　无所谓：当下教师的作与为

我们的23位访谈对象，来自不同的地区，所处的学校环境各不相同，包括小、初、高三个学段层次的教师。在对他们的访谈中，我们了解到他们目前的生活现状，也透露出导致部分教师产生不良社会心态的缘由。

一、高压式的工作性质

小敖是一名有23年工龄的教师，属于教师中的"前辈"了。他是本地

[①] 闫琛. 教师社会心态的失衡与调适 [J]. 教学与管理，2018（12）：50-52.

人，毕业后选择回到家乡工作。作为一名中年教师，他的生活很简单，也很有规律，每天基本就是家校"两点一线"的生活，简单的人际交往，平凡的生活轨迹，日复一日，似乎在他的生活里，缺乏了一些色彩，显得单调。在二十多年的从教生涯中，他取得了一定的职业成绩，也经历过事业的低谷，职称评审和评优评先都是不容易的，面对这些，这个中年教师也有焦虑心理。人至中年，事业平平无奇，家庭的担子在加重，而现实是教师这一行竞争也激烈，压力自然而然地落到了他的肩头。我们问他日常生活中是否会安排自己的休闲时间，他说：

我上班时间（即周一至周五）没有安排休闲的时间。因为我每天都有2-3节课，每周要上三个早上的早读，还要上两天的午托晚托，还要批改作业，一个学期还要听课20节以上，还要备公开课和讲座，还要写论文和做课题，准备上级检查的资料等。上班时间能够完成这些，就算是不错的了，所以没有安排休闲的时间。

在外行人看来，教师这份职业轻松愉快，但在访谈中，似乎"休闲"一词，很少出现在教师的生活里：

作为一名教师，我的日常工作主要包括这几方面的内容：第一，教学常规工作，比如备课、上课、批改作业和辅导学生等；第二，与家长沟通方面的工作，通过电话、微信等方式向家长反映学生在校的表现和学习情况；第三，教师专业化成长方面的教研科研工作，比如集体备课、小组磨课、写论文和做课题等；第四，准备上级检查的资料，比如美育资料和绿色学校资料等。

小敖觉得，作为一名教师，工作远没有人们想象中的那么轻松，可以说是"大走向不变，小插曲不断"。教师要面对来自各方面的期待和压力，有些任务来得突然又紧急，在工作日的每一天里，教师像是一个陀螺一样转个不停。课要上好，行政工作要做好，上级任务要完成好，工作日完成每天的任务已经让这位"老前辈"教师劳心劳力，似乎只要能停下来一会儿，就算休息了，"休闲"在他眼里似乎显得有些奢侈。这从某种程度上看，教师似乎是一个"行外叫好，行内叫苦"的职业了，但是小敖也很清楚，他是要在教师这个行业里待一辈子的了，所以他总结出一套自己工作的经验方法：先缓后急。

小敖对自己事业低谷期的那段时间印象特别深刻，在这个行业的二十余年，不如意的事情他遇到了很多，他坦言，在激烈的行业竞争下，自己那段时间看不到出路，加之每天一个接一个的任务，那段时间产生了职业倦怠的心理。这显然反映了教师行业压力的存在和过负。但问他是否想过离开教师这一行业的时候，他的一句话让我们印象非常深刻：

我从来没有想过离开教师这个行业，因为我觉得教师这个行业比较适合我，如果离开了，我真不知道还能干些什么。

小敖相信成功总是艰难的，没有随随便便的成功，当付出的努力并未得到预想中的成功时，也只能坦然面对。小敖作为一个深耕于教师行业多年的从业者，他从满怀激情到现在"被磨平棱角"的随遇而安，在教师行业拼搏多年，从未感受到教师是一个轻松的职业，至于压力带来的影响和人生的追求，他似乎也不去多想了。

二、个人价值观

个人价值观是影响着一个群体社会心态的重要因素。一个人的行为是受思想支配的，要接受新的事物和标准要求，就需要思想意识上达到主动认同。[①]谈到这个，我们记忆深刻的有两位教师，一位是小邹，一位是小妹，她们分别是来自粤西地区和粤东地区的两名普通教师。在谈到回答"入职前，希望自己成为一个怎样的教师"这一问题时，小邹说：

在入职之前，我期待自己是一个能够让孩子学到东西，并且让家长可以放心自己又能够一直保持一颗热爱教育事业的这样的教师。

在小邹看来，"爱生"是一个教师最重要的品质。

我认为要做好一名教师，就是要有一颗爱学生的心，要有一颗奉献的心。我们面对的群体是学生，学生是需要我们去教育的人，他们的成长离

---

① 程少波. 中小学教师社会心态现状及其调适对策研究 [D]. 武汉：华中师范大学，2020：180.

不开学习，离不开我们教师的引导。我觉得作为一个教师最好的品质，首先要爱学生，包容他们，爱他们，然后在爱的基础上，要勇于、乐于奉献。我觉得作为教师不能有太多的私心，要尽力去教，而且尽量把自己最好的东西都教给他们。

同样的问题，小妹也给出了相似的回答，不过在她的回答中，更多了几分自身经历的温情：

入职之前，我对教师这个行业是很憧憬的。十几年的学习生涯，让我对教师的印象特别深刻。记忆中的老师们甚至比妈妈更亲切些，小学的老师会帮我梳辫子、会奖励我各种文具，周末我们几个比较爱学习的学生甚至会背上书包去老师家里写作业；初中的老师对我也是关爱有加，最深刻的记忆是成绩下滑后老师把我叫到办公室，轻声细语，嘘寒问暖；高中的老师知识渊博，有激情澎湃的，有循循善诱的，有端庄优雅慈母般的；大学的老师，有博学严谨的"行走书"，有可爱的老顽童，有年轻活泼的小姐姐……特别庆幸，所遇即良师益友！长大后，我也梦想成为教师，博学严谨、可亲可敬，传道受业，孜孜不倦。恩师们帮我实现了梦想。未入职时，就想照着我的恩师们关爱我教育我的样子，去对待我未来的学生。我想，那大概就是对知识严谨、对学生严格中包含亲切和宽容。

在小妹的眼中看来，教师的形象是多样的，但也离不开一个关键词——关爱学生，这与小邹的回答是不谋而合的。然而当她们真正走进职场后，似乎一切都比她们想象中困难了许多。作为教师，每个教师一开始都是心怀教育理想而来的，然而这个行业不仅是实现教育理想的土壤，同时是生活经济的来源，也许在无形中，内心的追求不知道从什么时候开始变了味道。

在谈到对未来职业的发展预测时，小邹表示还是希望自己在教师这一行业有所提升，她感到自己还有很多想做的事情没有完成，要努力成为一名"好老师"。而小妹的回答则更加明显地表达了自己对目前的困境所在，在对于未来的关注上，她说：

第一，结合目前实际情况，在接下来几年，职称晋升都是一团迷雾。

第二，由于乡村小学师资条件限制，我学的是语文教育专业，持的是初级中学教师资格，走上讲台教的却是小学英语，十几年如一日……多年来，我曾参加省级市级等培训，有信息技术、心理教育、综合实践、师德师风、微课题等，但是好像没有英语学科的培训，庆幸的是参加过镇级的英语同课异构，校内同事之间也相互探讨学习。

作为教师的行为准则，师德是教师履行职责时对行为的基本要求，教师健康社会心态的塑造需要良好的师风、师德，这是促进学校发展的思想动力。[①]然而，教师不知从何时开始成了人们眼中的"圣贤"，在很多时候，人们往往喜欢关注他们付出了什么，却忘了想一想他们得到了什么，需要些什么。小妹的经历肯定不是唯一的，作为一名乡村小学教师，从她的言语中我们看到了很多教师的无奈。她一直不否认教师需要情怀，因为她认为教师是一份需要"温度"的职业，但面对行业和生活的现实，她不得不考虑教师作为一份职业、作为自己谋生的道路需要的发展和追求。在小妹看来，教师"爱生"之心和教师"谋生"之道本质并不冲突，相反，两者应相互成全。小妹依旧在教师的岗位上，依旧那样完成自己的工作，但相较刚入职时，有些东西还是不一样了，现在的她会更多考虑职称晋升、专业发展，提升自己的生活质量。

两位教师的做法像是对生活低下了头，可这在教师中并不少见，甚至在各个行业中都可以看到。价值观决定着一个人的行为选择，她们的改变正是价值观悄然变化的反映，我们不能评判这些改变的好坏，但是可以看到的是，这些改变是教师这个群体共有的，或者说是以两位教师为典型的部分教师所共有的。也许很多时候，身在其中的她们都没有意识到自己不知不觉间已经做出了一些选择和改变。

三、"成就感摇摇欲坠"

小王是一名中学教师，目前已经从教 20 年，可以说她的职业生涯已经

---

① 闫琛.教师社会心态的失衡与调适[J].教学与管理，2018（12）：50-52.

过去将近一半的时间。和大多数教师一样,为了安稳的生活,回到了家乡,做一名普通的教师,结婚生子,一切都是"按部就班"完成。她是"科班"出身的教师,在谈到对教师专业发展的认识时,可以看出她有着一定的教育理论基础:

柏林纳教师发展五阶段论中,将教师专业发展分为新手阶段、熟练新手阶段、胜任阶段、业务精干阶段、专家阶段五个层次。我觉得自己属于第三至第四发展中阶段。

从小王对自身的职业阶段定位上看,她认为自己的教学能力是没有问题的,至少是合格的。她觉得自己现在要努力突破,获得职业上的成绩,在她看来,教师是需要被认可的,需要亮眼成绩的支撑,不然碌碌无为,或混口饭吃,是很难坚持下去的。她谈道:

精进业务是我想努力的方向,因为教师幸福感来源于学生和家长对自己工作付出的认可。

然而现实并不如她所愿,作为学校的骨干教师,很多时候承担的不只是教学工作,学校的行政工作、社会服务也成为她日常的一部分。很努力实践"哪里付出哪里收获"的信念,但是很难有办法把时间集中在教学钻研上,这也导致了她目前在职业上成就感和幸福感比较低,因为确实难以看到自己的成绩和收获。谈及20年的教学生涯,她的言语间是有遗憾的:

2001年开始参加教学工作,一上岗即巅峰,校领导安排高一班主任和高三综合科的教学任务,这个任务并不轻松,在高中一干就是15年。从一名普通教师逐步成长为科组长、教研室副主任、学校副校长。期间参加过一些教学方面的比赛,拿过一些不大不小的奖励和荣誉,教出过我们县的政治科状元。15年后工作时有调动,去了两个单位,2020年来到本校工作至今。

正所谓得失相依,她看着一起出来工作的同学不少已获得高级职称,而自己评了两次都没有通过,心情是五味杂陈的。从小王的职业生涯来看,她的经历不乏亮点,但是让她无法接受的是15年后自己的专业发展停在了原地,而对比身边同工龄教师在职称上的优势,她显得底气不足,也难以肯定自己。职称可以说是教师的第二生命，除却工资上的提高，职称确实是对教师教学能力肯定的一个重要参考。小王并非是那种消极懈怠的教师，可是目前未获得那份肯定，对自己的事业多少感到气馁，心态上自然也不是那么洒脱。

四、年龄的消磨

小邹进入教师这一行已经14年了，十多年的工龄不仅意味着人生的成熟，更加是对人生的鞭策。14年的时间，小邹在教师职业道路的征途已经走了相当长的时间了。而在访谈中提及"年龄的增长对教师这一职业有什么影响"的看法时，他回答得干脆：

我觉得影响很大。随着年龄的增长，认识到教师这一职业的重要性。我觉得祖国未来的发展，很多时候与我们的教育是有绝对重要关系的。在一个孩子成长过程中，我们有很大的影响力。我现在已经从事教育有14年了，每教一届学生都有深深的体会，就是对学生引导得好，学生以后的学习就会容易上手，也更有信心。

反之，身边也有些教师随着年纪的增长而变得比较懒散，他们的工作就可能出现厌倦的情绪，他的教学效果也会相对下降，这样子的话，我觉得这种厌倦情绪会传染给学生的，不好。

在小邹老师的回答中，可以看出小邹老师还没有走到由于年纪的增长而导致的倦怠之中，然而年纪无论在哪个行业都是一道坎儿，不少人到了一定的年纪，认为人生也就这样了，年轻时奋斗的激情已然不再，而自己到了这样的年纪，面前并没有出现特别的机会，也就成为"躺平""佛系"教师中的一员。年纪的增长就像是时间的冲刷，有人被洗去了锋芒，有人被冲掉了理想，可怕的是年纪带来的消磨越来越"早龄化"。小邹谈到，不少教师明明进入职场也不算太久，但是早早地觉得自己"到了年纪"了，无谓追求了。

小梅老师在谈到年龄问题时，向我们反映了年龄带来的另一个问题——身体素质的下降。小梅老师认为，如果身体条件好的话，奋斗的力量也许会持久一些，反之就容易"躺平"，毕竟身体是自己的，总不能把本钱豁出去。

如果身体条件良好的话，年龄的增长可以帮助教师丰富阅历，积累经验，为教育创造更好的条件；如果身体条件不理想的话，年龄的增长会加重教师的身体负担，从而影响教师的日常工作与生活。

这是小梅老师的原话，现实亦是如此。年龄增长不但使心态变化，而且让身体素质下降。前文提到的小王老师也有这样的感受，他说：

以前很享受和工作狂类的老师相处，我会受到影响，更加积极上进。但今年开始，我开始刻意关注身体健康，关注休闲生活的质量，关注身边的人，意识到生活并不只有工作，不是只有工作的成功算是成功，因为人生是一场长跑。

从几位老师关于年龄增长对专业发展的影响看，这一行业的困境愈发显现出来——教师工作繁杂、压力过负加速身体素质下滑，而这些使得教师对工作的回避心理更加强烈。

五、消磨殆尽的激情

小林是一位来自某市区中学的校长，是本地人。由普通教师成长为校长，小林无疑是在教师行业或者说教育行业有着独到的经历和体会的。在我们的访谈对象中，小林是很特别的一位，因为他既是一名中学教师，同时是一名中学校长，基于他的双重身份，我们可以从他身上听到更多的故事。

从访谈的过程来看，小林吐露出对这个行业的"不满意"。小林选择进入教师这一行，是因为教师是自己喜欢的事业，是抱着自己的职业理想和职业情怀走进这个行业的。他认为教师是需要有教育情怀，需要"有温度"的一份工作，在他的职业生涯初期，他的确是抱着这样的信念去工作的，目前他在事业上也算是有所成就。然而在谈话中，他向我们提到，现在的学校不像学校，更像是政府各类部门的下属机构，很多时候教师的教育情怀在不知不觉中"迷了路"。教师最主要的工作无疑应该是教书育人，然而现在的教师承担着很多非教书育人的各种任务，这些不合理的工作无形中消磨掉了教师的工作激情乃至职业认同，不少教师由一开始的"育人之心"变成了"做好就行"。这是一个很现实的问题，它清晰地存在那里，让人无法回避。小林在访谈中很坦率地说，教师一开始都是想当一名"好教师"的，可是慢慢地，成为一名"好教师"的信念在数不清的、不属于教师本职的工作中被遗忘了。对于这一现象，小林回答道：

当前教育环境下社会、家长和学生对学校的期望值太高，不允许学校出一点问题，动不动就会投诉，校长作为第一责任人每天面对很多工作压力。校长除了承受教师角色的压力外，还要承受作为领导者、管理者的工作压力，包括与同事尤其是班子成员的关系，学校发展、工作负荷、社会应酬、学生的不良行为和校园危机事件处理，个人的专业发展等等，因而校长比一般教师承受的压力更多。

教师的工作并不算轻松，小林表示，大部分教师是没有"休息日"一说的，因为教师不仅要承担着教学任务，育人工作更是劳心劳力。试问，教师的本职工作已经不是易事，再加上数不清的各类社会事务，教师如何还能"坚守初心，保持激情"？我们问，这些现象得不到改善吗？您作为校长也无能为力吗？言及此处，小林很无奈地说道：

办得好的学校的校长成天"接客"，随时"迎检"，加上"留痕管理"不堪重负，"不留痕"出了问题就问责，或者说你做了等于白做。还经常接受来自文明办、关工委、共青团、工会、妇联、街道办等各级各类单位的行政指令、工作安排、评比检查，如果校长不配合不做，他们就会"告状"，甚至为难或者说问责等等。因此，校长也只能疲于奔命或者应付了。

小林的身份相较于普通教师，多了对学校事务和管理的话语权，但即使他作为校长，也无法从众多的"任务"中抽出身来，反而是深陷其中。这也使他感到非常疲累，甚至对自己的工作价值产生怀疑，每天都在忙碌中，但似乎所忙碌的事情与"教书育人"关系不大。

小林作为校长尚且觉得无能为力，小花作为一名普通教师，感受则更为无奈了。小花是珠三角地区市区学校的一名教师，她目前除了是学校的语文教师，同时担任学校教学处副主任。在她的讲述中，我们看到了一名普通教师面对的来自家长、上级等方面的压力。在学生成绩上，上级部门对学生的学习质量要求严格，市里抽考、统考不断，倒逼教师必须保证学生的考试成绩"好看"。小花老师略显疲惫地说：

> 压力很大，不敢放松！即使市不抽考，镇里也会进行抽考几个年级，统一阅卷，并对每一项数据进行分析，在全镇小学里进行对比。所以，大家每天想的都是如何提高学生的成绩，想着期末考出来的数据不至于太难看，想着在每学期教学质量分析会上不被点名批评，不太难堪。

而除了教学工作，她觉得教师需要面对的额外工作量也是巨大的。在担任学校教学处副主任的这段时间里，她的时间被挤压得十分紧张，出于责任所在，工作总要做好的，可是人的精力确实是有限的。她谈道：

> 快到七月份换届，我考虑到自己能力不足，现在体力也跟不上，打算接下来的换届不参加竞聘了，不做行政了，感觉行政工作不适合自己，做行政以来，连想安安静静上一节课、专心批改作业都成了奢侈，把自己的专业发展都快抛弃了。

作为一名普通教师，大多数时候上级交给自己的任务，都尽可能地去完成得更好，这是好的，是认真工作的态度所在。然而永远做不完的工作，已经消磨掉了他们钻研教学的激情，比如小花老师可以把精力集中在教学教育中，但是哪怕是安静上课、专心批改作业都成了奢侈，在如此情形之下，教师也难以坚持最初的激情。

六、"孤立无援"、领导与家长

教育不仅是学校的事业、教师的责任，换言之，单靠学校和教师是无法做好教育的。但是，现实中很多时候教师像是一个独自航行的水手，在茫茫大海中孤独地前行。小屈的经历就是一个典型的例子。

小屈从教的学校处于城乡接合部，在她的学校里，学生素质良莠不齐，更让小屈无奈的是家长对孩子的教育"不闻不问"。在谈到作为一名教师的最大体会时，她的第一感觉是"难"，独木难支的"难"。

我们学校处于城乡接合部，目前接触的学生家长，虽然文盲不多，但是大多数都是初中小学文化程度，整天奔波于生计的他们几乎无暇顾及孩子。可是当遇到教育问题的时候，他们很一致地迁怒于教师，所以这几年，我开始有了职业倦怠，因为很多时候你不仅要教孩子，更多的是教那些顽固不化的学生家长。

把孩子送到学校，教育就是教师的事情，孩子没教好，那就是教师的责任。这样的观念还存在不少家长身上。小屈说与这样的家长沟通很辛苦，而且孩子的教育很难有成效，很多时候教师面对这样的情况确实无能为力，想要置之不理，却又迈不过内心那道"师德"的坎儿，最后教育变成了教师"单方面的奔赴"。

无独有偶，小尚老师作为一名乡镇小学教师，也遇到了同样的困境。她在接受访谈时谈到，教师的教学压力本来就大，教育部门要求严格，学校重视成绩，最后所有的压力都会落到教师的身上来。一心投入教学工作已是劳累至极，还要面对来自社会期待、家长期待方面的压力。

因此，学校领导非常重视学生成绩排名，不断给教师施压，让我们想方设法提高学生成绩。另一方面是社会对教师有较高的期望，很多家长认为学生学不好就是教师的问题，要么是教学能力不足要么是教学方法不对，反正都在教师身上找问题，乡村家长文化水平相对较低，他们很少从自身找问题，也没有太多时间去关心、了解自己的孩子。

学校方面只把任务落实到教师身上，家长方面只把期待交到教师手上，然后双双离去，只留下教师唱独角戏。小屈作为一名成熟的教师，小尚作为一名算是重新回归的新手教师，对这样的情况真的是应对无能。很多时候只能是尽力而为，也在无能为力的时候劝自己"适当放弃"。教师是教育的主心骨，可是一棵大树只有主心骨是不行的，要如何栽好教育这棵大树，需要多方的共同努力。

社会心态的培育是一项综合性、系统性的工程，既包括外部的塑造和影响，也包括个体的认同与内化。① 教师的社会心态就是这样充满了矛盾性：得失皆有，去留皆困，想离开又不能够，先向前又渺茫。这些纠缠的心理和情绪对教师的职业观、职业选择都有着深刻的影响。教师的社会心态就像是教师内心的"答案之书"，它包含着教师内心对职业的看法、对职业的认同、对职业的情感、对职业的选择等方面的内容，它是微妙的，因为杂糅着太多的因素在其中，往往牵一发而动全身，而通过对它的深入了解，我们可以发现教师需要什么，教育行业需要什么。有些教师怀抱着理想走进这个行业，以为在教育的土地上定能建设出属于自己的事业大厦，但可能现实是事与愿违的，这也成为他们社会心态走向不良的催化剂。有的教师在事业的挫折中更清楚地认识了自己，对自己的职业有了新的价值理解，在去留、得失之间，找到了属于自己的天地。

　　高压和孤独让不少教师坠入不良的社会心态之中，这使他们在工作表现上不一定是一个"好教师"，甚至可能是一个"倦怠"的教师。对于他们而言，教师这一职业似乎已经失去了最初追求的纯粹理想。虽然这种不良的社会心态对教师来说是不可取的，但是我们应该通过他们的社会心态，理解教师社会心态的复杂和多维，明白教师的困境和窘迫，关注教师的真正需要。

　　作为一名教师，一名公众意义上的"好教师"，需要付出很多，甚至是超荷付出，不然根本不足以达到外界对他们的期待。而这种付出甚至可能是单方面的，教师个体不一定可以得到适时的、相应的回报。在人们看来，成为一名"好老师"，意味着他能很好地处理各项工作，能很好地孤军奋战去教好学生，能始终坚守自己的教育信念和理想，能不抱任何私心和利欲地奉献。在当下教师并不被充分理解的社会里，教师的很多心血是无力的，舆论将教师的地位一再拔高，更是掩盖了很多难以道说的现实。教师深受这些"期待"的约束，却追逐不上这些"期待"的步伐。

---

① 夏海燕. 教师良好社会心态提高价值引领实效[N]. 中国社会科学报，2021-11-05（004）.

而一个已经被外人看作"佛系""躺平"的教师，反而可以走出"期待"之外，他们的行为是消极的，但绝不是没有缘由的。在不良社会心态下，这部分教师选择说服自己"适当放弃"，他们也就没有必要在"期待"中循规蹈矩，只将教师看作是自己谋生的职业，至少他们从人生选择中走出了困境。

这些教师的经历和心态变化告诉我们，教师的现状并没有外界看上去那般"岁月静好"，他们面对这一职业以矛盾的心理困在迷茫之中，或是以消极的心理做出自己的选择，都是教师现实的写照。这些是我们应该对此做出反思的出发点，立足于他们的现实，思考如何让教师重新且持久地焕发活力。

第二节　看淡：算了、也行、再说吧

教师面临专业发展之困时，不同的社会心态导致他们有不一样的行为选择。我们的访谈对象是 23 位来自广东各个地区的在职教师，从访谈的过程看，他们大部分对自己的职业发展是比较模糊的。他们中有人并没有表现出所谓"教育理想"和"教育情怀"，而只是把教师看作一份职业，是自己生活的经济来源和支持。他们似乎看透了现实，更在乎自己当下生活的"真实的幸福"，比如减少来自工作的压力、给自己更多的休闲时间、不想去竞争等等。在本部分中，我们想把两位教师作为典型案例，通过他们分析当下教师的社会心态是怎样形成的，而他们的社会心态优势如何影响他们的职业观的。

一、反复矛盾的小尚老师

小尚是一名来自乡镇小学的语文教师。在进入教师这一行之前，她觉得教师这一职业是很多人眼中的"香饽饽"，每年有着三个月左右的超长带薪假期，每天的工作内容也就是上几节课，是再简单不过又轻松的工作了。刚毕业的她怀着对教师职业的憧憬，顺利地成为一名教师。然而等到真正进入了教师这一行业，她发现教师并不是一份轻松的职业。不同于其他工作的"朝九晚五"，一名教师最晚也要在早上七点半左右到校，如果轮值为值班教师的话，时间还要往前提。而且教师并不是放学等于下班，课后来自上级、家长不定时、不定量的工作任务或需要处理的问题让她觉得个人的私人时间严重被挤压。教师的工作要面对的是至少40个学生以及他们的家长，工作带来的一些情绪问题较多，而又由于私人的时间减少，因此这些情绪很难通过生活上自我放松的方式过滤掉，这也使小尚在一段时间内对处理工作缺乏积极性。

在我们的访谈过程中，小尚多次向我们提及成为一名教师以后，个人时间的减少和工作负面情绪给她带来的影响。她觉得有一段时间，感觉自己对学生的教育是没有意义的，家长的"撒手不管"和"积极问责"让她很难过和失望。

那段时间我作为班主任，被分配带了一个不太好的班级，学生的基础比较薄弱，有些学生也比较调皮，让我很头疼。我工作的地方就是自己出生的地方，在这里生活了几十年的小县城。那时学生的父母大多是70年代到80年代初的人，他们文化程度也偏低，忙着挣钱生活，对孩子的教育不上心，觉得教得好是教师的本事，教不好就是教师的过错。每次我和家长沟通学生在校出现的一些问题，家长愿意配合，积极和我沟通教育的不多，可以说很少。他们都不想听我向他们反映孩子的问题，甚至多打几次电话有些家长都不接了。但是一到孩子的成绩下来，又要"问责"教师为什么没有把学生教好，教育成了教师一个人的事情。还有些孩子是"留守儿童"，性格有些叛逆，就更是难教育了。而且学生的考试成绩不好，教师还要被学校领导批评，大家都把教育"塞"给教师了。

小尚说，她在那段时间越来越发现家长难以沟通，后来就不再联系一部分家长了，只在学校管好学生就行。

实话说，我是很想教好每一个孩子的，但是很多时候确实感觉无能为力。明明在校学生已经听进我的教育了，放假回来，又被打回原形。怎么说呢，我觉得家庭教育还是非常必要的，家长和家庭对孩子的影响太大了，可是很多家长并没有意识到这一点，做教师的，也只能尽力而为了，但教育的效果肯定是不那么好的。

小尚对这些家长的做法是既生气又无奈，生气的是为什么对自己孩子的教育可以不闻不问，无奈的是自己没有更好的办法改变这些。那时候的小尚还是个"新手教师"，她觉得自己那个时候对教育还是有所追求的，所以有这样的情绪反应是再正常不过的事情。那时候也有前辈和她说，没必要这么生气和上心，身体是自己的，别人爸妈都不重视，我们只是教师，着急也没有用。小尚说她听到这些的时候很不开心，但内心又不得不承认这些是事实。

小尚觉得那段时间的经历给她的职业观带来了一些比较消极的影响，她在后来的工作中确实不再那么"强求"家长的回应，也失去了一些刚入行时的"热血"，她开玩笑说，这是她教育理想的破灭。

后来工作就没有那么执着了，虽然也是尽心尽力，但是不再什么都揽到自己身上了，就该努力做到的，我就努力做好就是了。这样至少自己没有那么大的压力，也不那么劳累了。

对于这些工作上遇到的"难题"，小尚觉得自己尽力而为就好。"我去沟通，他们不理我，显得我多事，他们最后也只看成绩。有时候学生还把你气个半死，后来真的只能放平心态了。"而现实是，现在，我们看到这样的问题依旧存在，特别是在乡村学校里。

后来我遇到了我的先生，结婚生子，感觉个人的时间更加不够用了，特别是我生大宝的那段时间，工作和家庭真的很难兼顾。

小尚说，这些工作的棘手问题还不是导致她后来离开教师行业的主要因素，决定性因素是自己走进了婚姻以后。小尚成家以后，由于她的先生工作比较忙，家务一般由小尚承担，她的先生有空也会帮忙。在还没有生孩子之前，一切都还好，但有了孩子以后，小尚明显觉得自己应付不过来。作为一名班主任，一名教师，要操心得不比一个母亲少，班里一般都有40个左右的学生，特别是小学低年级的学生，要让他们好好安静下来都不容易。

在小尚休完产假回到学校的那段时间，她坦言自己无法兼顾工作和家庭，孩子还太小，正是需要人照顾的时候，而且自己休产假离开工作也有一段时间了，重新回到工作中，难免出现一些不太适应的情况，加上前面提到的那些问题，可以说是心力交瘁。因此，小尚选择离开了教师行业，选择了一份较为轻松的工作，以便自己有更多的时间照顾家庭。

那时候的小尚才二十多岁，对于自己选择一个行业重新出发的决定，她觉得自己可以做到，也对未来充满着信心。小尚和我们谈起她的职业观，她认为自己选择职业无非还是取决于薪资和工作幸福感，教师的工资不算高，而且那段时间自己遇到的糟心事儿确实不少，所以决定换一份职业试试看。

小尚离开教师行业两年后生了二宝。聊到换了工作以后的生活，小尚表示自己有了更多的时间来照顾家庭，需要操心的事情少了很多，毕竟不是每份职业都像教师那样，需要同时对四十个"甲方"的人生发展负责，教育是培养人的事业，确实是一份很复杂的工作。而小尚也坦率地和我们说，后来的职业依旧不易，甚至由于自己专业不适合，比教师这一行干起来更不容易。

于是，在2021年，小尚重新考上了教师编制。小尚说，两个孩子都上学了，原来的工作枯燥且压力大，我觉得自己还是比较喜欢做教师，也还是想要在教师这个行业中做一些成绩。再次成为一名教师，让小尚对自己的职业观有了新的认识。

现在我对教师这份工作还是比较满意的，再加上现在我都中年了，想稳稳定定过日子，不会考虑换工作了。

小尚又重新回到了教师行业，出于自己的职业理想和现实情况的综合考虑，小尚目前认为自己应该会一直从事教师行业。我们问及她现在生活时间的安排，她说依旧很忙碌，孩子虽说不是小孩子了，但是生活时间还是被挤得满满的。

现在工作日时间基本就是上课、备课、改作业，管理班级等，这些都是根据自己的课程安排进行的。

生活很忙碌。我们一家四口：我、先生，两个小孩（三年级、五年级）。每天6点10分起床，洗漱好做早餐，叫小孩起床后，7点10分出门上班，小孩自己上学。一直到下午5点10分左右下班，买菜煮饭，6点10分左右小孩放学到家（放学后参加课后服务）。饭后家务、辅导作业，基本晚上10点半以后才忙完。先生很忙，家务、小孩基本都还是我管，他有空也分担些家务。

再次成为一名教师的小尚对职业发展显得淡定了许多，"家家有本难念的经"，职业也是一样，总觉得别人干的轻松，但没有哪份职业是轻松的。现在的小尚，对自己工作的晋升并不强求。我们问她，作为一个曾经离开这一行业，再次回到这一行业的教师，觉得要如何做才能吸引或者留住优秀教师？

要留住优秀教师，首先是待遇问题，待遇好，这是最大的吸引力；另外，学校对教师的关怀，让教师感觉被重视，有发展空间。

离开教师行业的选择，让小尚转换了身份视角，她看到了教师行业确实存在的不易，她也理解了这其中的不易。但当我们问她，你会继续追求成为一名优秀教师或教学名师吗？小尚说，还是希望被学校重视，有发展的空间，但是似乎比较难，或者就这样过好自己的生活吧，看情况。可以发现，小尚目前还是比较矛盾的，已是中年的她对自己的专业发展抱有期待但又不敢期待，作为一名教师，她对自己职业的理解是矛盾的，她尝试过离开，又选择回来；她希望前进，又困于多重问题，这是不少教师社会心态的真实写照。

二、由希望到无谓的小周老师

小周老师是一名女教师，同时是一名成熟的教师了。入职多年，她对自己的工作"轻车熟路"。然而在对她进行访谈的过程中，可以明显感受到她对自己的工作感到疲惫，甚至表现出一些不积极的工作情绪。

她走进教师行业的原因和大多数人一样，看起来工作轻松，考上了教师编制，工作稳定有保障。初入职场的她也曾是满怀一腔激情，然而久久职称评审未通过和工作压力让她对自身的职业逐渐失去信心。小周告诉我们，自己评职称比同龄的教师慢了许多，她曾从自己的身上找原因，不断努力，可现实是名额有限，自己的努力似乎还是不够出色，缓慢地上升速度最后还是消磨了她的积极性，她在低谷时感到压抑，甚至想过不当教师了，因为自己等不来一个机会。小周的个人经历使她明白和确信，有些事情只依靠努力是没有办法做到的，成功需要运气，遇到并把握住一个好机会的运气。可惜的是，小周觉得自己并没能遇上这样的机会。教师的这份工作带给小周很多锻炼和进步，小周觉得自己还是很有收获的。小周觉得自己的教学一直在进步，也一直在不断改变自己。

相较于我刚成为一名教师的时候，我觉得自己对学生情况的掌握，教学内容的理解和教学方式的选择都有变化。

小周的变化是多方面的，同时她是一个适应性很强的人，她很善于调节自己以适应环境。小周是一个很擅长学习的教师，在回答导致这些改变的因素时，小周说她会很细心地观察和学习，也会积极地向别人请教。

我觉得自己算是一个爱学习的人，我会经常读关于教学方面的书，和同事相互交流学习，通过课堂实践去总结。这些都是我在自己身上找原因的途径。

小周表示自己之前一直在积极地学习，希望成为骨干教师，可长期职称评审未通过，加上教学压力比较大，小周表示作为一名教师，压力还是有的，特别是来自非教育教学的事务带来的压力，例如一些行政工作、形式化活动等，这些压力让小周更难专注于教学工作。

在自己的自尊心一再在职称的道路上受挫，小周对教学的激情逐渐消退。小周说，累和不累都是那样的工作和职位，后来自己也就看开了，好好地过好自己的生活最重要，教师就是一份职业而已，机会是强求不来的。小周的话语似有遗憾，可现实的她已经不算年轻，职业上的晋升空间很小，她自己也知道这一点，与其很劳累地追逐，还不如自己过得开心一点，这是小周目前的心态体现。

这些年的努力让小周感觉自己或许不适合教师这一行业，从评职称这一点上，她觉得自己在这一行里比不过别人，而她一心潜心于教学的努力似乎在家长和外界的压力中逐渐消散。她的职业观在她的职业生涯的起伏中逐渐发生了变化，由一开始的希望和期待，到现在的绝望和无谓，我们不难看到这部分教师对自身的职业认同在下降，从希望到无谓，是教师在事业追求上的无奈和心酸。小周把自己的选择看作是"通透"的人生，她自知自己离不开这一行业，自身的条件也不允许自己离开，但同时内心不再对自己的职业有更高的追求，也不会在事业上做出任何"多余的"努力。

三、关于发展的三种态度

以上这些教师的访谈记录反映了当下教师的社会心态及其影响下生成的职业观，他们因教育理想而走进这个行业，又因为行业内的各种因素心态发生了变化。他们中的大部分人，由最初对职业和社会的满怀希望，到目前内心的渐渐失望，对于他们来说，职业发展不再是人生中的必选项，因为理想与现实之间有很多因素需要考虑，如情绪压力、经济待遇、婚姻家庭、自我成就感等，有时候职业成为他们次要的考虑因素，他们考虑得更多的是，如何在这个行业中做到"无愧于心"而已，或者说，他们更倾向于在人生的其他方面获得需要的成就感。在这种社会心态影响下，他们觉得在职业上获得晋升或发展不是人生的唯一取向，做好自身的工作就行。职业只是人生的一部分，因为在专业发展上并没有如预料中一般，于是他们选择"把职业当做职业"就好，不去赋予它所谓的人生理想和教育情怀，自己反倒轻松了许多。

在当下具有不良社会心态的教师在职业发展上大致有三种状态：原地踏步、进退两难和坚持突破。

（一）原地踏步者

作为访谈对象之一，小花是一位典型的"原地踏步者"。她是一位生活在二线城市市区的教师，教龄15年。生活在市区的她，家里的经济条件不错，目前已经结婚生子，处于人生发展比较稳定的状态。对于职业发展，她没有太多的想法，也不想有太多的想法，毕竟经济生活不需要她担心，而且教师这一职业对她而言，并不是那么的美好。

2007年开始教书，至今已经有15年了。这十几年来，日复一日地做着大同小异的事情，只要上班，基本上就是早出晚归，一天都在学校呆着，经常长达11个小时在学校。

作为一名女性，她更加关注的是家庭，也希望把除工作外的大部分时间和精力留给家庭，但是教师一职显然与此有所冲突，问及对教师一职的工作体会，她的表达可以总结为一个字：累。

教师的事情实在太多，一天忙碌下来，身体和心理都会感觉到很疲惫。很多教师的身体都是处于亚健康状态，你说让教师下班后去做运动，真的很难！因为回到家第一件事情，都必须先是休息续命。所以，十几年如一日地工作，面对着孩子，处理各种各样的问题，靠的是一颗坚持之心。如果坚持不下来，很容易动摇，想改行。

小花表示自己目前没有想改行，因为除了做教师，想不出自己还会做什么工作，也不想改变目前稳定的生活状态。自己不再年轻，发展机会什么的也不太想考虑，就现在这样挺好的，这是小花目前的心理状态。

小花所在的城市生活水平较高，大城市的喧嚣氛围让她觉得经营好自己的生活比什么都重要，这在一定程度上影响了她的职业观和心态取向。一方面，以小花为典型的教师认为职业并非人生的首选项，自己的生活条件不错，也希望保持现状就好；另一方面，在事业发展的过程中，部分教师大多囿于现实，在竞争中常常未能赢得机会，或是在激烈的竞争中感到疲惫，于是选择回归自己的生活，把关注点转移到生活中的其他方面，以获得人生的幸福感。

小郑表现的社会心态与小花相似，也属于"原地踏步"的一类，和小花的心态的成因不同，小郑并非是由于回避压力、回归生活才选择"原地踏步"的职业发展，她属于上文中提到的第二种情况，由于职业发展不顺，逐渐感到希望渺茫而导致的消极心态取向。小郑算是一位比较年轻的教师，教龄不足十年，谈及在入职前对自己职业的期待，她的答案是简短而明确的。

入职前，我想成为一个受学校领导重视、家长和学生爱戴的好老师。我认为教师最重要的是师德。

入职以后，小郑发现自己对个人的职业发展规划太过乐观，在自身发展的历程中，小郑感受到的更多是气馁，因为目前她还未能如愿评上中级职称。或许是时机不对，或是准备不充分，每一次都有一些变数出现。在访谈的过程中，小郑的语气始终是淡淡的，笑着说完这些入职的不如意，似乎对职业的执着放下了。我们好奇她的这种状态，问到她目前对自己的职业规划，她表示自己现在对生活还算满意，就这样挺好的。

目前觉得自己职业晋升空间不大，个人也安于现状，好不容易因为生二胎从几年的级长职位下来，变成科任教师。

二胎的到来让小郑把更多的时间和精力花在家庭上，事业上不如意带来的情绪被冲淡了许多，目前的她也乐得自在，作为科任教师完成好日常的教学工作以后，其他事情应付过去就行，操心不到太多。像小郑这样的教师其实反映的是典型的回避性社会心态，自己说服了自己，安于现状，稳定地停留在目前的阶段，就像一个封闭的湖，注定不会掀起风浪。

不想经历职业发展的考验，免除工作带来的过分压力和不良情绪，从生活中的其他方面寻找安放自己灵魂的寄托，是这一类教师面对职场竞争和挫折的做法。对于这部分教师来说，专业发展是"听天由命"的结果，他们不会主动地去寻求专业向上发展，也缺乏这样的激情。小郑说，生活得健康、开心是最重要的。这一点是这部分教师的共性，无论他们为何出现并维持了这样的心态，但在这一点上他们的看法是一致的。把教师与其他工作同化平等，在不违反职业道德的前提下，放弃专业发展的一些机会，省却很多职业带来的压力，不必过多操心职业上的困境，这样以安稳换取安心的做法，从某一种层面上看，其实反映了这一群体自我实现的一种需要。

做教师的职业经历让他们看到了这一行业职场的方方面面，而心态的松懈让他们体会到了职业的另一种状态。由于这样的状态对大部分人来说是可实现且可持续的，因此教师群体中不乏这样的教师。但由于这样的状态是简单的、闭塞的稳定，一旦发生意料之外的事情，这样的状态就会崩坍，比如教育政策更新、教育教学的变革等，是这部分失去活力的教师面临的"意外"，长期的"平淡"让他们难以再去调适，也就会彻底被边缘化，这显然不利于他们的人生发展。

（二）进退两难者

相较于第一种情况，像小妹这样处于纠结状态，进退两难是目前教师更广泛存在的。这一部分教师他们既非对自己的职业发展毫不在乎或是完全绝望，也非有着清晰目标，坚定去突破的"勇士"。他们对职业有着不明确的想法，身处于专业发展的迷茫阶段，内心希望能找到自己的专业发展道路以再上一个台阶，而现实的种种因素又让他们对此感到希望渺茫。他们大多是入职不久却在专业发展上未能如愿的较为年轻的教师，也不乏对职业始终积极追求的成熟教师，他们也无法确定自己是否有信心、有能力去冲破事业发展的层层阻碍，去获得成功。他们需要的是一个切实的发展机会和平台，真正能让自己走在迈向成功的道路上，而长期发展的不如意又导致他们在不同程度上怀疑自我的能力，在机遇到来之际，他们也不擅于、不敢于去把握。因此，挣扎与纠结，迈进与后退的两难状态是他们常有的。

小妹是一名普通的乡村小学教师，她考上了家乡本地的教师编制，但她本人生活在市区，工作在乡村里。小妹表示，目前她工作日的时候住在学校教师宿舍，周末或者假期才会回家。由于乡村学校师资的缺乏，教师往往是身兼数职，一个人干着几个人的活，小妹也不例外。

我目前承担三年级36名学生的英语教学工作和四年级59名学生的英语教学工作。每天除了备课、上课，就是批改课内、课外作业……这些细细碎碎的工作把一整天的时间都占满了。

工作量繁重，工资还是那一份，小妹说，自己目前的工作压力真的很大，乡村小学的学生基础不好，教起来要花更多的心思。而且他们的家长又不好沟通，不少学生的家长根本不在身边，学生都是由老人照顾，家庭教育那一块没法提供支持，很多时候就是自己"孤军奋战"，将近一百名的学生，两个年级的工作，教育起来真的是困难重重。

然而除去教学工作的繁重，家庭的责任也让小妹感到难以兼顾。

放假时间有时会带些工作回家做，尽量假期都回家。假期安排的话，大部分时间回归家庭，想把时间给家人。

小妹在工作日的时间里，都住在学校的教师宿舍，只有在周末或者假期才回到市区的家里，小孩在市区上学，先生在市区工作，平时孩子都是先生在照顾，自己假期的时间一般都回到市区，和家人在一起。谈到这里，小妹的神情似乎有些难过，她说，自到乡村学校工作以来，就好像和家人分隔两地，作为母亲，没能常常陪在孩子身边，缺席了孩子很多成长，自己内心感到十分抱歉和遗憾。小妹还说，也不是没想过把孩子接到身边，可是市区的教育显然更好，还是希望孩子留在市区接受更好的教育。其实小妹也想过调动出去，可是她所在的学校加上她也就3位英语教师，小妹自己并非英语专业出身，但被安排担任英语课，可见教师资源缺乏。小妹对教育是有情怀的，前文提到她在自己的人生中遇到了很多带给她温暖的老师，所以她也希望自己可以成为那样的教师。乡村的孩子读书不易，小妹说自己希望成为他们的一丝光芒。

除了在家庭和理想之间的进退两难，小妹在自己的专业发展上遇到的困境更让她头疼和迷茫。

结合目前实际情况，在接下来几年，职称职务晋升都是一团迷雾。

由于一直教英语，我申报了英语科课题研究。这个课题的开展一点都不容易，能否有所收获也是个未知数。

语文专业出身的小妹在无奈之下担任了英语教学工作，一做就是这些年，本专业的知识倒显得生疏了不少。而且自己的英语教学和别人同台竞技时并没有优势，所以在职称上小妹自己也感到迷茫。明明自己目前从事的是小学英语教学，却缺乏这方面的学习，难以做出成绩。小妹也想过回归到语文教学中来，但是学校领导未必同意，可以说，小妹目前想要前进，却连努力的方向都不明确。小妹说，一直在事业上没有什么突破，心里也是挺着急的，可是又不知道要怎么去改变这样的情况。

而且，在乡村地区的教育工作并不好开展，这也一直是小妹工作负面情绪的源头。工作于目前的学校，小妹似乎看不到自己发展的方向和愿景。

"双减"之于落后的乡村教学，当先进的教育理念遇上落后的教学设施和不能配合的农村家长，让我感觉开展起工作来缚手缚脚，课堂活动的设计、作业的布置……这将是一个漫长蜕变的过程。

对于小妹来说，她看重自己的事业，渴望在事业上寻求到自我肯定的底气，但是现实中来自家庭、家长、社会等方面给自己带来的多重困境将她层层包裹住。小妹也曾想过就这样按照现在的生活轨迹走下去就好，可是不甘心就这样结束自己职业生涯的高度，希望自己能通过努力工作为自己的生活提供更好的质量。选择前进，是自己心之所向；想要退步，是囿于现实的阻碍。

小妹的感受是当下绝大多数教师的心态反映。他们或许经历不同，但是面临的进退两难的境遇是相似的。这部分教师对自身的职业价值的肯定，有着较高的职业认同，但是纵观他们的职业生涯，就会发现他们的职业成就是不稳定的，甚至可以说是缺乏。低成就感与他们的职业认同感产生冲突，导致了他们内心的犹豫和纠结。同时他们大多对自己的专业发展缺乏明确的规划，看不透现实的迷雾。造成他们"举棋不定"的原因是现实中专业发展的种种困境——缺乏机会、缺乏时间、缺乏关注、缺乏理解。这部分教师的心态是积极与消极交融的，而积极与消极之间的占比，决定了他们最后的选择。

（三）坚持突破者

当下教师群体中也存在着部分一直坚持、努力突破自我壁垒的教师。在我们众多的访谈对象中，小黄老师的社会心态是表现得最为积极的那一个。在他看来，职业是一份责任，教师这一职业既是对学生的责任，也是对自己人生的责任。

小黄已经工作16年了，保持着如此积极的职业心态属实不易。在小黄工作十多年的工作经历中，他对教育工作一直抱有自己的追求——不断让学生进步。小黄坦言，自己在工作中也遇到过一些棘手的问题，甚至要经常和这些问题打交道。

我工作已经有16年了，在这十几年的教学过程中，我认为比较棘手，或者说比较有挑战性的是，对于一些行为习惯差的学生，怎样去提升他们的学习成绩。

学生这个习惯，包括日常生活习惯、行为习惯、学习习惯，这些习惯都是很差的，背后有家庭的原因，也有他个人的原因。我们的教育目的是提升他们的学习质量，也要改善他们的行为习惯，这些都是比较挑战和棘手的，有时候操作起来特别难，家长不一定配合。

小黄说自己对于这一类的学生一直是很有耐心的，因为要改变他们是一个漫长且艰难的过程，很多教师把教育"差生"当做是自己工作的负担，但是其实这是你工作的一部分，你这么去想，就不会觉得自己在干工作以外的事，产生一些很不好的情绪了。小黄认为，作为教师，教育学生是天职，教育遇到困难就要去突破，教师不仅是一份职业，更是一份责任。小黄在工作中也常常遇到一些无法沟通的家长，初入职时还不明白为什么这些家长对自己的孩子不上心，甚至为此感到气愤，后来想明白了，家长也是在成长中的人。在教育的过程中，小黄深知教育离不开家庭，经常思考不同学生的家长、家庭如何给孩子提供最可行的、最有效的帮助？

也许是因为小黄一直带着这样的心态去工作，工作效果自然不错，于是在他的专业发展过程中，他是越干越积极。

2006年从某师范院校毕业，这16年来，我的变化还是很大的，从刚开始毕业时候什么都不懂，到现在已经有所成就。这些年来，我觉得自己的一个优点就是一直保持积极上进的心，不怕苦不怕累，从我毕业那一年就是一直保持。很勤奋地学习，也很虚心地向别人请教，当然也很虚心地接受别人的指正，有什么公开课啊，各种比赛啊，都会积极参加。近十年来，我的教学研究比较多，比如自己主持课题，研究一些项目，研究课堂，研究学生等等，都取得了一些比较好的成绩。

小黄对于自己的专业发展是抱着自信且积极的心态的，除却他个人因素，环境因素也是其中之一。

我们学校的工作环境是非常棒的，我所在的学校，是一所有150年历史的学校，这所学校的校园环境，是非常优美的，古色古香，人文的环境特别好，历史感比较重，绿化做得也很好。整个学校的工作氛围很融洽，大家有什么事情都会一起做，这也是我们学校严谨教风的表现吧。人际方面，同事之间都是可以互相帮忙的，学校领导和老师之间相处也很融洽。也就是说环境也好，工作氛围也好，人际关系也好，我认为如果分ABC等级的话，都可以打A的。

小黄的工作学校是一所位于二线城市市区的优质学校，工资待遇良好，学校工作环境和人文环境确实是有口碑在的。可以说，良好的环境为小黄的专业道路减少了很多阻碍，环境相当于专业发展的第一个平台，如何为教师搭建好这第一个平台，可见，对教师社会心态的转变有着重要的意义。

小黄的专业发展有着一定的幸运成分，当然，他本人的努力不可忽视。然而小黄的社会心态在教师群体中是不多见的，通过小黄这一典型案例，看到了教师专业发展需要什么，教师积极的社会心态形成需要什么，比如经济保障、压力关注等，成功固然不可复制，但要创造出一个适合成功发展的环境，让教师真正认同自身，以积极的心态投入工作中去，是需要关注和思考的问题。

第三节　身份认同：转化心态的第一道坎

教师的身份实践反映着当下教师的社会心态现状，我们不难发现，当下教师的社会心态存在着明显的偏差。教师的身份实践与教师身份认同之间的关系是密不可分的，可以说，教师的身份实践正是教师身份认同的现实反映，教师对自身身份认同的高低影响着他们作为教师这一角色的身份实践。实践身份的构建依赖于人们所从事的现实实践[①],与此相对应的是"想象身份",想象身份认同与实践身份认同反映的都是个体所处角色对自身的认同感。教师身份认同是教师个体自我不断自主建构的过程,它强调教师在实践中实际运用理论的价值,并关注其作为生命性存在的生存方式。[②] 教师身份实践所出现的问题,究其根本与教师身份认同有着密切的联系,教师的身份实践是教师身份认同的外在反映,教师身份认同是教师立足于自身的职业角色,在交往中获得关于职业角色的认知和形成对此的主观感知,其核心是经由个体体认与肯定的教师自我身份感,可见,要想解决教师的身份实践所存在的问题,需要从教师身份认同入手,深入理解教师这一身份生成的底层逻辑。本节在教师身份实践的基础上,通过深入分析身份认同的动力机理,从教师个体、社会价值基调以及媒体话语三大方面提出教师身份认同的有效途径,力求以增强教师身份认同,突破目前教师身份实践的困境。

一、立足动力机理,构建身份认同

教师身份认同的动力来源,即促使教师身份认同实践形态发生和完成的内驱力及其展现过程。[③] 教师身份认同运行的动力机理指引着教师身份认同由观念形态走向实践形态。教师身份认同动力机理主要包括三大方面,分别是根本动力来源、派生动力来源和动力过程。教师身份认同的具体现实情况最终都是通过教师个体在实践层面的行为表现出来的,教师群体的身份认同是教师社会心态形成的重要部分,可以说教师身份认同是教师社会心态的基石,在教师这一角色的具体生活中,教师在其角色所面临的社会环境和文化影响中形成了教师在观念层面上的自我认同,这是教师社会心态的重要影响因素。

---

① 相孟薇. 公费师范生培养体制下英语教师专业身份认同研究[D]. 曲阜:曲阜师范大学,2021:8.
② 李茂森. 教师身份认同研究[M]. 北京:北京师范大学出版社,2014:19,62-77.
③ 容中逵. 教师身份认同构建的理论阐释[J]. 教育研究,2019,40(12):135-144.

（一）根本动力来源作为认同起点

促使教师身份认同发生的根本动力来源是作为人类普通一员的教师试图优化人类生存生活环境与已有生存生活环境非优化之间的矛盾。[①] 纵观人类漫长的历史演进过程，教师这一角色伴随着知识传递的需要应运而生。我们应该认识到的是，教师首先是作为人类社会中的普通个体而非一种职业出现的。也就是说，教师作为人类社会的普通一员，这一角色也必须面对人与自然之间的区分问题，任何角色的身份认同最初都是在日常生活中发展和完成的，是优化生存生活环境和已有生存生活环境之间的矛盾，推动着教师专业发展成为一种职业去调和这样的矛盾，以维持自身生命和种族的存续，正是在这样的实践过程中，教师认可了自身行为的价值并由此生成自我身份的认同。

回观目前的社会，教师身份认同的根本动力来源依旧是不变的，教师仍旧是人类社会的普通个体，虽然具备更为强烈的职业性质，但是教师的身份认同也是来源于日常生活获得的价值感，是来源于内心深处对教育行为有利于人类文明延续的认同。由此，我们可以看到，教师身份认同并非"玄乎其技"的东西，它来源于教师日常且具体的职业生活体验。因此，针对教师身份认同去转变教师社会心态，最终还是要回归到教师的生活之中去，让教师在职业生活中体会并肯定自己生命的价值。

（二）派生动力来源加固认同感

教师身份认同根本来源于教师作为人类与自然之间最原始的矛盾，并在此过程中获得自我价值感，但教师身份认同并不仅取决于这一点，派生动力来源，即教师角色形成的其他推动力的影响，同样影响着教师身份认同的生成。随着人类社会的不断发展，在前文所提到的根本矛盾的驱动下，逐渐派生出其他三类矛盾。一是进行普遍社会教化与现实社会非教化的矛盾。教师作为人类社会个体，不仅承担着人类与自然关系的技能知识的教化责任，还关乎着人类自身关系的伦理道德教化。个体能否担负此责，能

---

① 容中逵. 教师身份认同构建的理论阐释 [J]. 教育研究，2019，40（12）：135-144.

否成为一名合格的教师，取决于个体自身是否具备相关知识技能。古今中外，教师地位与权威的确立大多源于此，教师作为引领并改善人类社会生活的群体，教师权威是实现教化的前提条件。二是教师试图按照已有观念进行社会教化与按照他者要求进行社会教化之间的矛盾。这一矛盾源于教师作为掌握着技能知识的少数个体，低效率的教化或教育不足以满足人类社会所需要的发展速度。因此，在物质条件充分以后，更广泛且迅速地将原本属于少数人的技能知识传播至整个人类，教师作为一种专门的职业出现，并成为承载着高度社会期待的职业角色。在这样的情况之下，教师到底是按照自身还是他者的观念从事社会教化实践活动，两者之间出现分歧，教师个体发展与社会对教师角色的期待之间，不可避免地出现一些冲突，导致教师出现身份认同走向弱化，进而影响教师的社会心态。三是教师身份认同实践结果与教师原有观念之间的矛盾，可以将其理解为教师工作生活的现实情况与教师预想之中的教育理念之间发生的矛盾。从根源上看，教师这一角色必然承担着有别于其他职业的社会责任，而在教师的具体身份实践的过程中，由于这两者之间矛盾的存在，教师的实践结果势必走向两种结果：一种是获得社会的支持，被鼓励继续施行社会教化；一种是丧失社会的支持，很难甚至是无法继续施行教育行为。由此，我们可以看到社会对教师身份认同的双面性，要实现教师身份认同，社会是其中不可忽视的因素。

（三）动力过程实现身份认同

教师身份认同的现实构建在以上提到的诸多矛盾交织运行的过程中完成，可以说，教师身份认同的动力过程是实现身份认同具体的运行表现。其过程可以概括为：首先教师按照已有的观念进行教化活动，在遭到他者因素的干预后，与其博弈并从中选择认同者付诸实践，继而将实践结果与已有观念进行对比与同化，再次进行取舍并回到实践的层次上。在这一过程中我们可以看到，教师是否坚持已有观念的坚定性是教师身份认同的关键因素，它决定着教师身份认同过程各种观念的博弈过程、最终结果和教师身份认同发展的具体方向，决定着现实中教师身份认同的最终形成。教师身份认同就是在这样的模式基础上，进行多次变更、循环往复的复杂过程。毫无疑问，教师身份认同的实践必须建立在这一动力过程之上，在这样的循环过程中，教师个体在教育实践行为中反映出身份认同的取向，是一个由观念层次走向实践层次，再由实践结果影响观念变更的反复过程。不难发现，这一动力过程实则是多种因素交织作用的最终结果，教师个体的教育理念与社会中已有观念之间的博弈是其中的关键所在，要通过教师身份认同去实现教师社会心态的转变，则必须要关注到这一关键点，思考如何把握好两者之间的限度，使教师的教育理念能与社会已有教育观念补充契合，并且教师能在此基础之上有所研究和创新，在实现自身价值得到认同感的同时，使教育在不断发展中进步。

二、肯定教师个体的"个体性"

个体性是个体认同建构的过程，即个体探寻"我是谁"，确立个体主体性的过程。[①] 个体性是自我意识的映照，教师作为社会中的人，个体性是构成其职业角色的内在本质之一。思想家密尔在《逻辑学体系》中思考了人的个体性形成的种种问题，解析了个人性格的生成、价值观的确立与外界环境等之间的关系，认为个人对自我意识的形成有着一种决定性的作用，并非必然受制于外在环境的影响，可以说，个体性"让人成为人"，个体性是社会任何个体无法回避的内在追求和本质需要。因此，立足于教师身份认同的角度去思考教师社会心态的转变，需要关注到教师作为"社会人"，作为社会中独特存在的一类群体，其对"个体性"进行探析，肯定其"个体性"，尊重教师的个体性，使其社会心态转向积极。

（一）内化个体的自我独特性

"教师"一词在大多数人眼中往往意味着"一群教书的人"，这是由于

---

① 李继东，吴茜.近五年网络流行语的青年身份认同与话语实践[J].现代传播（中国传媒大学学报），2020，42（08）：39-43.

教师职业的特点带给人们的印象,然而也正因为教师的职业特性,我们不经意间忽略了教师作为一个鲜活生命体的个体性存在。教师作为一个个体的自我独特性,意味着教师个体自觉主动地发展自我,教师作为人的职业角色,潜在需要的层次就是教师对自身、自我提高的要求。个体的自我独特性包括个体的自我情感、自我意识、自我态度等价值的确立。而教师的自我独特性需要教师专业能力作为支撑,教师对自我独特性的认同,促使教师产生对自我身份的认同,进而在现实中进行良好的身份实践。

因此,我们需要从教师专业发展的角度来寻找教师身份认同的突破点,其关键之处有两点:一是培养教师的专业自觉。教师的专业自觉来自教师内心的信仰,即是教师心中的教育理想与追求。教师是"现实中的个人",这是教师身份认同的起点,因此从职业的角度出发,社会必须顾及教师的合理利益和价值诉求。与此同时,立足于教师这一职业的特殊性,作为教师不能仅仅把这一身份作为追求物质利益的途径,心中必须为信仰保留地盘。在这一点上,加强教师职前培养和职后培训是关键,要让教师在教学实践中认识到自身的价值,并肯定自身的价值,由此坚守住初心,保留好信仰。二是培养教师群体的专业知识。专业知识是确认和保障教师身份不可忽视的重要条件,是教师专业发展的根基,引领着教师的职业生涯,为教师的自我发展、自我实现提供可能。要实现教师专业知识的不断充实,作为教师管理者,需要为教师提供学习和发展的平台,为教师的专业发展提供坚实、有效的保障,让教师在自我专业的不断发展中,肯定自身价值以实现身份认同,促进教师社会心态的积极发展。

(二)提升主体对客体的评价

主体和客体是相对而言的两个概念,将"教师"作为主体来看,那么教师个体以外的一切都可以看作是客体的存在。主体对客体的评价包括多方面的内容,但立足于教师在实践过程中对客体的感受。如社会整体对教师的理解与支持程度,工作环境的优劣,教师话语权的轻重等,这些都是影响教师对客体作出评价的因素。教师群体对客体的评价反映着教师的职业幸福感程度，而这一点是教师从获得感上产生自我肯定的关键所在，对教师身份认同有着重要作用。由此，我们需要关注到教师的需要，包括物质需要和情感需要，从社会、学校和教师个人三个方面提高教师在实践中对客体的评价：良好的社会环境从制度上提供保障；学校作为工作场所，需要从落实制度与创造条件的层面上实现保障；同时，教师个体要积极调适自己，在合适的环境中发展自己，增强幸福感，以对客体做出合理、全面、客观的评价，让对客体的评价成为自己对自身职业角色的准确表达。

三、关注社会价值基调与媒体话语

教师身份认同除了从教师群体解决内源性问题，还要探寻外部环境对教师身份认同产生的影响，以解决外源性问题，以全方位促使教师产生强有力的身份认同意识。目前，就身份实践层面上看，教师身份认同的外源性问题主要体现在两大方面：一是社会价值基调，二是媒体话语的影响。

（一）社会价值基调

从教师身份实践的现实情况上看，当下，不少教师更多地把自身的职业作为获得经济来源的一份工作，往往忽视了教师这份职业的独特性以及其中理想与情怀的需要，即缺乏了职业使命感。职业使命感是指一种源于自身并超越自我的一种超然召唤，即以一种能展现或获得目的感或意义感以及他人导向的价值观的目标作为基本动机来源的方式去践行特定的生命角色。[1]而职业使命受到整个社会价值基调的影响。社会认同理论认为，在外界支持下，依据某些标准进行社会分类，获得群体身份并得到自我满足，同时个体作为群体的一员对这个群体产生认同感，并意识到群体带来的支持和价值，进而对自己在群体中的工作充满热情，对工作产生一种使命感和责任感，因此选择继续留在群体中。[2]然而，在现实中我们可以看到，目

---

[1] Dik.B.J.&Duffy，R.D.Calling and vocation at work：Definitions and prospects for research and practice[J].The Counseling Psychologist，2009，37（3）：424-450.

[2] Tajfel，H.Differentiation between social groups：Studies in the social psychology of intergroup relations[M].New York：Academic Press，1978.

前社会的整体价值取向略显浮躁，金钱和物质成为人们评价一份工作的决定性因素，在这样的社会价值基调之下，教师作为工资收入居于普通等级的职业，社会对教师这一职业的认可度不算高，加之教师在工作中往往缺乏来自社会、学校和家长的理解和支持，特别是在乡村学校任教的教师，所处的环境让他们进一步感觉到社会价值基调的负面部分并产生消极的社会心态，难以对自身的职业角色产生身份认同。基于这一点，我们需要认识到社会支持对教师工作的重要作用，从社会价值基调出发，引导正面、积极的社会价值取向，促使社会整体认识到教师职业的独特性以及教师一职的伟大意义，加强社会中"尊师重道"的文化渲染，使社会价值基调对教师获得社会支持产生积极影响，促使教师深度认同自身职业角色。

（二）媒体话语

社会价值基调的形成与传播离不开媒体话语的作用。在当代社会语境下，首先需要以媒体话语对社会价值基调进行引导，对教师的社会心态进行疏导。这种疏导在价值层面体现为，将主流话语或是主流价值与教师的职业角色认同相"接合"，使其融入主流文化、主流价值之中，与社会整体积极的价值基调保持一致"底色"。其次在教师身份实践的动态过程中，要以积极的媒体话语介入其中，奠定其正面的价值基调，避免由于种种因素导致的不良社会心态和消极情感的进一步传递和感染。最后在媒体话语之中，强化对教师群体正面情感和行为的曝光，提高教师群体的职业使命感，塑造积极的情感认同。值得注意的是，我们需要抓住教师职业角色的独特性让社会整体实现对教师一职认识的改观，以获得社会的支持，同时利用教师一职的奉献和奋斗的原有底蕴，促进教师教育情怀的培育，增强教师职业使命感和认同感，如此便可以通过媒体话语作为桥梁，改变教师目前的不良社会心态。

小　结

当发展还是绝大多数教师对自身工作的本质要求时，部分教师已经开始重新考虑它的现实性和差异性了。为什么专业发展作为人生的重要部分，却成为他们人生中摇摆不定或可有可无的选择？或者说就此完全放弃，丝毫不考虑有向上发展的可能？

首先，这是教师社会心态不够稳定的现实写照。价值观念是教师社会性格的内在驱动力；社会心态是教师社会性格的心理基调；生活方式是教师社会性格的外在表现形式。[①] 纵观整个教师群体，在工作情绪和发展压力的共同作用下，对教师社会心态的稳定性产生了冲击——不良的工作情绪，是教师社会心态转变的导火索。教师作为教育中联结各参与方的中心点，往往需要得到其他各方的支持与理解。而在现实中，教师社会情绪并未得到理解和处理，同时社会支持方面使教师社会心态进一步走向动摇，教师的职业幸福感和工作满意度偏低，甚至有部分教师出现离职意向。中小学教师作为教师大厦的基石，他们的专业发展的困境导致他们对教育事业失去激情。教师专业发展的瓶颈期大多难以突破，如教师学习机会和资源少、被职称评优"卡脖子"等使这一群体在专业发展上把握不大，加之教师工作压力大，容易产生不良的工作情绪，在两种因素的催生下，教师社会心态一再变得摇摆，与此同时，大部分教师在客观条件限制下，难以离开这一行业，现实的阻碍和发展的渴求纠缠在一起，造成了目前教师社会心态陷入了两难的局面，教师身处其中犹豫和纠结成为他们的常态。

教师并非抽象的概念人，而是生活在一定社会环境中具有自主性的社会人。[②] 在教师专业发展并不乐观的情况下，教师开始反思自己人生的意义和价值追求，他们的价值取向也在这一过程中发生变化。如果自身在专

---

① 王婷. 教师社会性格的变迁与形塑 [D]. 济南：山东师范大学，2020：36.
② 王婷. 教师社会性格的变迁与形塑 [D]. 济南：山东师范大学，2020：37.

业发展上并未能创造人生的成就感和幸福感，就不如把时间和精力花费在人生的其他方面。这部分教师在自身的职业生涯中，一再遭受专业发展的打击，在挫败中看不到专业发展的前景和人生价值的实现，挫折、不满和自我怀疑导致他们出现社会认知的偏差，发生行为意象和价值取向的转变。他们放弃了专业发展的可能，选择成为"躺平""佛系"教师。这部分教师把"教师"这一职业看作是生活经济的来源，并不过多赋予"教师"这一身份过多的光环，他们顺利完成教学工作，但不会付出除此以外的更多精力。在他们的身上，我们看到了教师对自我身份定位的另一种诠释。

其次，职业理想和职业需要之间的互为影响，成为教师社会心态摇摆不定的另一因素，尤其是对自身职业的价值取向方面。绝大多数教师是师范生出身，他们选择进入教师行业与他们内心的教育理想和教育情怀有着密不可分的关系。但在现实工作生活中，环境并未能满足他们自身个体价值的追求，职业理想逐渐被忘却，同时教师在社会中的形象和期待被不断拔高，教师的需求却鲜少被注意到。加之家庭、经济等因素的影响，在社会多元发展的冲击下，教师的社会心态变得更为复杂和不稳定。

专业发展目前依旧是大部分人生活的重要组成部分，教师的社会心态通常建立在对自身职业的认识和定位上，他们需要在专业发展中认识自我，他们的群体意识建立在现实的工作和生活之中，建立在与学生、家长、领导、同事的具体交往之中。但在现有的研究中，往往专注于教师教育能力方面的探讨，而缺少对教师群体心理方面的关注。在本次访谈中我们发现，工作压力、工作支持、家庭需要和自我需要是组成教师对自身职业价值取向的重要因素，职业发展仍旧作为教师生活的重要部分出现在他们的人生中，教师专业发展的前、中、后期都对他们的职业生涯和价值取向产生着持续且有力的影响，以至影响了教师的社会心态，更成为教师行为意象和行为选择的驱动因素。对于教师来说，专业发展就像是人生的一个舞台，在专业的道路上他们想出色地表演，但会因为种种因素，选择到人生其他舞台上去展现精彩。专业发展的过程其实就是教师作为一个个体人自我实现的过程，对于教师来说，自我实现途径和价值应该是明确的，然而由于自我实现的定位模糊不清，导致教师在职业价值和行为意象上不积极，这是不得不让人警醒的。

第五章　角色、工作与生活环境

我先从事了 3 年教育工作，后因个人原因辞职，又在 2021 年重新考上教师编制。因此，我知道当教师的不易，也知道外面其他工作同样不容易，现在的我对教师这份工作还是比较满意的，再加上现在我已经中年了，想安安稳稳地过日子，不会考虑换工作了。教师这个职业一直都是父母长辈眼中的"铁饭碗"，待遇好薪资稳定，以前没选择教师职业的一些同学后悔了。但是现在教师的任务真是太繁重了，身边的同事们都说"周末是用来续命的"，确实如此。少放一天假都感觉熬不下去，想起来其实还好啦！都是累并快乐着的，因为有爱做支撑，与爱人的爱，与家庭的爱。

这是小尚谈到的兜兜转转还是选择回归教师职业的原因以及这么多年教学经历的一些感受。在她的眼中，教师是让人肃然起敬的伟大职业，不仅仅是职业，更要有博大的教育情怀，没有一点奉献精神的人是不适合当教师的。选择教师的原因其实很简单，除了有稳定的生活和较为丰厚的薪资待遇，还有寒暑假，是一个不错的选择。但是说起工作压力，小尚认为如今的教师和学校就好像"万能机"，什么都要"进学校"，将教师的休闲时间都挤占了，工作日是几乎没有什么休闲娱乐空隙的。在被访的教师中，这些对于教师职业的认知是占很大比例的。27 位访谈对象中有 25 位都详述了面对繁重工作的压力。教师职业的稳定性是很多年轻人进入体制内工作的显著因素，也是很多人选择教师这一职业的重要考虑因素，不过这也成为很多教师躺平的"坚实后盾"。我们所了解到的个案中，大部分人是因为教师行业的福利待遇和稳定性而加入的，作为一种谋生方式加入教育行列，也是无可厚非的，当然教育情怀并不是空空如也，受访者中所有教师都表现出对教师职业的伟大表示敬意和自豪。即使当一个人不得不做出命运的抉择时，也不会放弃最重要和最基本的职业原则和价值取向。寻找终身的职业定位和内在驱动力，是教师专业发展的根本动力所在。

诚然，并非所有教师都是因为功利化的"五险一金"和"寒暑假"而成为教师的，有一部分教师从小便受老师的影响萌生了为教育事业奋斗终生的情怀，并一直坚守最初的教育理想。比如小妹老师就是一个典例，入职之前，她对教师这个行业是很憧憬的。有时候，记忆中的老师甚至比妈妈更亲切些，有很多和她很亲近的经历。比如说"小学的老师有时还会帮忙梳辫子、会奖励各种文具，周末还会约上几个比较爱学习的学生甚至会背上书包去老师家里写作业"；"初中的老师对她也是关爱有加，最深刻的记忆是成绩下滑后老师把她叫到办公室，轻声细语，嘘寒问暖"；"高中的老师知识渊博，有激情澎湃的，有循循善诱的，有端庄优雅慈母般的"，为她的人生发展画下了浓墨重彩的一笔；"大学的老师，有博学严谨的'行走书'，有可爱的老顽童，有活泼的小姐姐……"小妹特别庆幸，因为遇到了许多良师益友。所以长大后，她梦想着成为一名人民教师，博学严谨、可亲可敬，传道受业，孜孜不倦。未入职时，她就设想照着恩师们的模样，去关爱、教育、对待未来的学生。

为什么有些教师对教师行业的态度十分平淡，而一些教师充满了教育热情？他们对于自己职业的认知究竟是什么？为何有一部分教师刚进入学校工作时激情满满像"打鸡血"，而后逐渐"消停"，展露出"与世无争"的姿态？这就是本章亟须探讨的问题：教师是怎样看待自己职业的？他们对教师职业前景和自己的前程看法如何？在如今国家日趋重视教育和教师队伍建设背景下，他们最想实现的是什么？教师日常工作对他们施加的压力大吗？如何兼顾工作与家庭，平衡工作与生活？

第一节 心态深描

在访谈过程中，我们发现绝大多数教师的内心都是渴望向上的，他们认为教师最重要的是要具有基本的职业道德，最好的品质是爱和奉献，教师的爱可以改变孩子的一生。作为教师，不能存在太多私心，也不能功利地进行教育，教育学生要全心全意，把知识、经验、思维和做人做事的方法教授给学生。但是作为教师，特别是班主任和行政工作人员，除了周末以外基本没有休闲娱乐的时间，时间经常被挤压利用，压力也很大。工作日的每一天都安排满满的，很多教师每天都有两三节课，经常要去看学生早读，"双减"政策出台后，义务教育阶段的教师还多了午托和晚托的任务，除此之外还要批改作业，完成一个学期听课20节的任务，备公开课和讲座，做课题和写论文，完成"留痕"管理资料以备检查，一整套下来，连参加体育运动的心情和热情都没有了，很多时候都是有心无力。

一、前程无所谓还是有所谓

小王老师教龄已经有20多年，最近两年担任学校的级长，在学校里小有名气。对于职称评聘，他似乎感触良多，对工作中的人际关系和未来的发展道路有一些自己的思考。

这两年担任级长，深感这个职务不好当。多如牛毛的任务，错综复杂的人际，你为人人，不一定人人为你。工作中大家还是比较支持，但是大都属于应付工作的心态，工作氛围不尽如人意。综观整个学校，有以下几类人：一是有目标有情怀有担当的教师；二是认真负责但疲于应付任务的教师；三是积极向行政管理方向迈进，心里有自己打算的教师；四是把工作当做谋生手段的教师；五是政府购买服务而产生的相关人员，他们各自的心态不同，表现也各不相同，不一一详述。学校确实存在各种各样的竞争，但哪个单位没有竞争呢，适度是好事，我喜欢教学工作上有竞争的环境，已经疲于应付职称评聘类的竞争。

说到与同事之间的关系，小王老师对同事们比较满意，没有什么意见或者"牢骚"。只是对于学校过分竞争的工作环境和琐碎繁杂的工作任务不满意，觉得有些郁郁不得志，职称迟迟没有晋升。

和同事的关系还算和谐，不过学校的工作氛围并谈不上十分喜欢。我不喜欢"工作狂"，因为这种生活方式让我觉得十分压抑，我的生活、大家的生活不应该仅仅停留在工作层面，生活还包括很多（比如诗、风花雪月和远方），工作不是人生的全部。如果一个人的生活只有工作，那一定很悲哀。

对于工作了20多年的小王来说，充满烟火气的生活比压抑的工作更加重要，如果挤破头竞争一个职称指标，不如好好利用时光享受生活，提高生活质量和生命质量，才是这个年龄段的应有之义。

对于小邹和小郑来说却不太一样。她们作为刚站稳脚跟的年轻教师，仿佛冲劲十足，但是作为一位妻子和母亲，同时兼顾家庭和孩子十分不易。小邹和小郑都是市区学校的教师，生活比较便利，发展的机会相对于乡村和县城多。她们十分看重自己的职业前程，并对自身发展提出了切实可行的规划。小邹是市区小学语文教师，她说：

我对自己的专业发展规划是这样的，做一行爱一行，然后干好一行。我觉得像我这样子的话，只想踏踏实实做一个好教师，能够教好我的学生。然后呢，希望我的学生，在我教他们的这些年里面，能够学有所成，至少学到能够对他终身受益的一两样东西。

现在，我们要时刻与时俱进，因为社会迅速发展，我们面对的东西日新月异，我们只有不停地吸收新的知识，提高自己的教学能力，才可以适应时代的发展。因此，我觉得要不断地"充电"，不断地学习，并且不断地磨炼自己，让自己在实践中可以得到提高，可以说终身学习是我们永远的追求，学无止境。我的规划就是不想说一定要做出什么惊天动地的大事，只想，有一分光就发一分热。

我是一名语文教师，是吧，比如说我现在比较喜欢吟诵，诵读古诗文挺有意思，对学生的审美教育和文化熏陶也是挺好的，加上我自己在这方面感兴趣且具备这个能力，有机会可以学习得更好，所以我愿意付出很多时间，让自己在这一方面可以变得更加有用，可以传授给我的学生。做一名语文教师，做一名踏踏实实的语文教师，能够对学生起到良好影响的语文教师，这种语文教师，是我的一个规划。

小邹的想法很简单，不喜欢好高骛远，就想踏踏实实当好语文教师，愿意付出时间和精力为学生提供更好的教育。浏览小邹的朋友圈，发现绝大部分是关于学生和语文方面的内容，她把工作融入了生活，把它当成了生活的一部分。她坚信这样越挫越勇的精神和踏实肯干的态度，一定能让她的现状有所改善，努力总是没有错的。

小郑年龄与小邹差不多，在专业发展规划上，她想未来一两年尽快评上中级职称，过去几年因各种原因没能够如愿，很有挫败感。现在的小郑，想好好钻研新教材，再来一个从高一到高三的循环教学，做出一些成绩。不过她的心理又是矛盾的，既想安于现状，又想跳出舒适圈。

目前觉得自己职称晋升空间不大，个人也安于现状，好不容易因为生二胎从几年的级长职位退下来，变成科任教师。如果可以，就挑战一下担任科组长一职，为此我要努力提升教学水平，注重提升学生成绩，积极参加教研活动等。

对于晋升空间，小郑结合自己的性格特点和能力水平进行分析，想要争取科组长的职位，迈出这一步很重要，接下来就走一步看一步。

小妹是一名乡村小学英语教师，作为一名语文专业师范生最后却走入英语教学行列，她备感艰难，职称评聘如摸着石头过河。不过这些似乎都不能磨灭她前行的斗志，在访谈过程中我们能够感受到她在教学中获得的成就感和对语文学科的热爱。

进行课题研究一点儿都不易，庆幸的是在专家的指导下，总算开展了。接下来我计划向学校领导提出教语文的申请，回归语文行列，我心中最爱的还是语文，尽管语文科的工作量会更大，但是，作为中国人，我更愿意投身到提升中国文化自信的教育事业中。

小屈是一位初中男教师，平时工作很忙，访谈时好不容易挤出时间。

他和小王、小邹、小郑和小妹都不一样，出身教育世家，家人、亲戚和亲朋好友绝大多数是教师或教育相关机构的从业人员，从小受长辈的影响和环境的熏陶，小屈也成为一名教师。

我的家人、朋友大都是从事教育行业，覆盖面从幼儿园教师到大学教师，所以工作中很多事情都有可以倾诉或者请教的人。我目前对未来的专业发展规划是努力成为"双师型"人才。在生物教学方面，可以针对本地学情，接地气地传授生物知识，培养学生的生物核心素养，形成自己独特的教学风格。在班主任工作方面，由于这是我喜欢的工作，在不断地进行研究，希望自己能掌握更多知识，帮助学生平稳地度过青春期。坚持写作和阅读，能够不断总结教学经验，提高教学水平，保持一颗童心。

在亲朋好友的鼓励和帮助下，小屈对未来专业晋升很有信心，也愿意一直坚守在教育岗位，做一些力所能及的事情，不断提高教育能力，永葆童心。对小屈而言，当好教师是必须追求的目标，也是他身边的人一直追求的目标，这对他来说是实现人生价值的大事。

小邹和小妹比较相似，虽然觉得自己进步比较缓慢，但是心底里是向上发展的，美好前程离不开踏踏实实的可持续性发展，终身学习是关键。在自己感兴趣的学科和活动中找到自己，结合生活，不仅能够丰富自己的精神，也能够为学生带来更好的教育。

基础教育课程改革进行得轰轰烈烈，教师队伍建设也提上了日程，教师教育和教师专业发展成为国家关注的重点工作，教师的职业成就感愈来愈强。与此同时，对教师工作提出了新要求和新挑战，社会也寄予了教师更高的期望，教师承受的心理压力呈现出多元化特点[1]，教师的情绪衰竭和非人性化程度也日益严重[2]，稍不注意调整，便走向"躺平"和"佛系"的极端。教师职业的特殊性，规定了教师必须具有终身学习的态度，更好地

---

[1] 杨俊生，王磊.新课改背景下教师心理压力来源统计分析[J].教学与管理，2015（09）.

[2] 伍新春，齐亚静，臧伟伟.中国中小学教师职业倦怠的总体特点与差异表现[J].华南师范大学学报（社会科学版），2019（01）：37-42+189-190.

发展专业技能,为学生提供更好的教育。但是教师也应该懂得,"专业首先建立在伦理规范的基础之上,技术能力和该领域的知识不足以确保专业的行为"①。专业只是基础,保持健康的身体和积极的态度,是教师职业的重要品格。

二、上进能有什么好处

小朱的家乡在乡村,现在市区初中教书,一家三口在学校附近买了房,家庭氛围很温馨。对于小朱而言,上进是一名教师必备的精神品质,因为她带的是朝气蓬勃的十几岁学生,有时不上进也会被学生的热情感染。再者,作为一名教师,她需要为学生做榜样,引导学生养成积极向上的品格,如果教师都"摆烂"了,很多学生便会被带歪,现在的学生模仿能力很强。

我所在的办公室工作氛围浓厚,每天每位同事都能够用心地备课、改作业,有时相约外出一起学习。我很喜欢竞争的工作环境,在我骨子里觉得有竞争,才会有进步。如果遇到那些职业倦怠的同事,相处久了就被他们同化,这是我最担心的。所以,平时我总会找一些"刺激物",比如去听课,听讲座,去培训,保持自己的上进工作态度和生活态度。其实,我还蛮喜欢和"工作狂"交朋友的,因为我自己就是"工作狂"。我觉得"工作狂"之所以会是"工作狂",是因为首先对教育事业的热爱,其次是认真、负责的工作态度。

小朱算得上是一个典型的"工作狂",因为自己还很年轻,想为自己的孩子创造更好的成长环境,一直努力为孩子做榜样。所以和小朱交往的朋友和同事,大多数是和她志同道合的,很有拼劲。用她的话来说就是"逆水行舟,不进则退",当大家都在进步的时候,安于现状停滞不前,其实就是退步了。

小娟是一位乡村小学女教师,喜欢对事物进行独立思考,对于如今教

---

① 伊丽莎白·坎普贝尔. 伦理型教师[M]. 王凯,杜芳芳,译. 上海:华东师范大学出版社,2011:9.

育行业出现的"内卷"①和"躺平"②，有自己的见解，表示了否定意见，她选择"中庸"之道，既"出世"又"入世"。

我们需要先弄清何为"内卷"，何为"躺平"。"内卷"本是一个学术名词，引用戈登威泽的解释："内卷化就是指一类文化模式达到了某种最终的形态以后，既没有办法稳定下来，也没有办法转变为新的形态，而只能不断地在内部变得更加复杂。"更通俗地讲，"内卷"就是"把过剩的人口投入到有限资源的争夺之中"。它有多种的表现形式，例如在教育竞争上，招生人数一定，可教育资源的需求不断增长，最终导致学生间的内卷。又或是在职场上，岗位数量一定，工资增长缓慢，就业人数不断增长，最终导致员工间的内卷。

由此可以看出，内卷的本质就是无意义的竞争。于是，有的人选择了"躺平"，不买房，不买车，不结婚，不生孩子，不消费，维持生存最低标准，以此来对抗内卷。可残酷的是，几乎我们每个人都无法完全逃避内卷，"躺平"也只是现代人聊以自慰的，最无奈的反抗。

是不是除了"内卷"和"躺平"，我们就别无选择了？难道我们只能从一个极端走入另一个极端吗？我觉得不是的，想突破"内卷"的牢笼，我们还可以做到以下几点：

一是确立目标，做好职业规划。未来想做什么事，想成为什么样的人，提前确立目标，做好职业规划很重要，正如前面所论述的，"内卷"的本质是无意义的竞争，而这条建议能帮助你尽量避免无意义的"内卷"，把大部分的精力和时间用在实现提升自己的目标和规划上。

---

①"躺平"：指无论对方做出什么反应，你内心都毫无波澜，对此不会有任何反应或者反抗，表示顺从心理。另外在部分语境中表示为：瘫倒在地，不再鸡血沸腾、渴求成功了。躺平看似是妥协、放弃，但其实是"向下突破天花板"，选择最无所作为的方式反叛裹挟。

②"内卷"：指代非理性的内部竞争或"被自愿"竞争。现指同行间竞相付出更多努力以争夺有限资源，从而导致个体"收益努力比"下降的现象，可以看作是努力的"通货膨胀"。

二是适度"躺平",挤出时间。适度的"躺平",是为了让自己在繁重的"内卷"中有喘息的时间,有独立思考的时间。这些时间是极其宝贵的,我们能利用这些时间来提升自己,例如学一个专业之外的技能,做一些手工,学一门乐器,或是给自己一个反思人生的机会,这样的话,当别人还在疯狂"内卷"时,我们离自己的目标又近了一步。

三是端正心态,树立终生成长的观念。端正心态,就是必须要明确我们所做的一切努力一定是有意义的,一定是在提升自己的前提下进行的,一定是能帮助我们更接近目标的。除此之外,我们要树立终生成长的观念,俗话说'学到老活到老'就是这个道理。

最后,要突破个人"内卷"。"躺平"不一定是最优解,关键还须求己,向内才有破局的出路,越是在这严重"内卷"的环境,越不能沉沦。

小王觉得,自己更加倾向于"内卷",工作中被裹挟着前进,但其实这两种都是各人爱好,只不过"躺平"可以自选,"内卷"更多是被迫而言。

小旭也有同样的看法,他个人认为,"躺平"和"内卷"是走向了两个极端。"躺平"的人可能比较"佛系",比较缺乏竞争意识,不求上进,安于现状,不思进取,随遇而安。"内卷"的人,却是反向操作,让自己进入一种竞争环境中,精神压力大,过于焦虑,生活质量被迫下降。

我个人目前更倾向于"内卷",感觉教育政策在不断地变化,对教师的要求不断提高,高学历人才不断地涌进教育行业,这样形成了无形的竞争压力,不想被淘汰,就得逼着自己不断地进行学习和提升。或许到某个阶段,实在竞争不下去,也就选择"躺平"吧。

小旭目前还处在精力旺盛的人生阶段,对于很多事情还是很有冲劲,想去搏一搏。对于未来,他觉得应该更加注重身体健康,毕竟在高压的工作环境下身体很容易被搞垮,如果不经常参加体育锻炼,身体状况更加不能保障了。

小霞是小王的老乡,都在一个地方工作,今年是她参加工作的第17个年头了,相比刚毕业时"怀才不遇"的郁闷感、前10年的迷茫感,现在的她感觉心态比较平和,在与学生的交流中感觉到快乐,也在教学工作中获得成就感，体会到工作的意义。她说，这就是前十几二十年拼搏上进争取来的财富和底气。

小琳的家庭条件不错，是采访对象中年龄最小的一位教师，刚刚和相处了几年的男朋友订婚，事业和生活正处于上升期，上进仿佛就是她这个年纪的代名词。

我认为，目前的职业心态是比较积极主动的，因为我刚入职教师不久，任何事情都是处于学习的阶段，应当不断学习，不断提升自我。因此，在平时我都努力备好我的课，空余时间也会看一些有关教育类的书籍，以及一些优质课视频。

小琳看来，如今微不足道的一些积累，日后可能不经意间发挥大作用，毕竟"机会总是先留给有准备的人的"，不积小流无以成江海。从她眼中，我们看到了青年教师的教育光芒。

小朱、小霞和小琳都觉得上进积极是人生中的一笔宝贵财富，是一种生活态度和工作态度，对自己事业发展和身心发展都是有好处的，也正是这种上进的精神让她们有今天的成绩。小旭和小王两个都是男教师，仿佛更加沉稳理性，考虑到了接近退休时，身体可能大不如前了，如果实在"卷"不动了，就只能"躺平"养好身体，过好养老生活了，毕竟身体是第一位，除了工作还有方方面面的生活需要继续。

三、心理矛盾：选择家庭还是专心工作

小尚和小郑、小朱是同学，也是好朋友。小尚是乡镇小学六年级语文教师，毕业不久，最近压力很大。

主要是教学压力，六年级毕业班每年都要进行毕业统考，成绩要排名，因此学校领导非常重视考试，不断给教师施压，让我们想方设法提高学生成绩。另外是社会对教师有较高的期望，很多家长认为学生学不好就是教师的问题，要么是教学能力不足要么是教学方法不对，反正都在教师身上找问题。乡镇家长文化水平相对较低，他们很少从自身找问题，也没有太多时间去关心、了解自己的孩子。再有就是家庭压力，作为教师和家长，

很担心教不好自己的孩子,很多人认为,教师的孩子,应该是很优秀的,但是作为家长,我们往往担心自己做得不够好。缓解的方法:多运动、多思考、多总结经验教训、多提升自己。

忙碌的生活有时让小尚不堪重负,从早上六点到晚上十点半,除了午睡其他时间都在忙,爱人的工作也很忙,家务、小孩基本都是小尚一个人管,爱人有空时也会分担些家务,互相扶持,日子也一天一天过了,充实且有意义。

小梅是市区的教师,和小娟是同乡。她的生活作息安排和小尚很接近,工作也十分烦琐,周一到周五几乎没有娱乐时间和空间。

作为一名普通教师,日常工作内容可能就是正常的教学,包括备课、上课、课外辅导学生、批改作业等。作为班主任,工作比较烦琐,包括管理班级学生的早晚读、关注学生的身体状况(做好晨午晚检)、处理班级突发事件、与家长沟通协调等。班主任上班时间是早上6:50—11:55,下午2:10—5:10,晚上6:50—10:15,可以说安排得满满的,每天的休息时间很少。

班主任工作比普通教师责任更重,像家长一样要时时关注着学生的动态,绷着一根弦。小梅有时觉得不能兼顾好家庭和家务,对家人有些愧疚。小霞把时间安排得比较贴切自己的作息和家人的生活规律,部分时间可以兼顾好家庭和工作,如果遇到特殊情况,例如要下乡参加教学研讨会、高考监考等工作时,会提前请家人帮忙,不会手忙脚乱,家人也能够理解,能帮则帮,她还是很放心的。小妹觉得处理家务和工作的矛盾是很重要的,同时是一项挑战。

每天除了备课,上课,就是批改课内、课外作业……放假时间有时会带些工作回家做,大部分时间回归家庭,把时间给家人。

在小妹看来,在学校与领导、同事、学生相处的时间远远比在家里陪伴家人的时间长。为了弥补家人,她常常在学校做完一部分工作,把一些剩下的手尾带回家完成,尽量在家待的时间多一些,这样心里好受一些。

四、由"打鸡血教师"到"佛系教师"

我们的一些访谈对象经历了比较显著的心态转变,他们是怎么走向教师岗位,成为一个努力拼搏、受人爱戴的"打鸡血教师",又是为何转变成"躺平"、无奈、随遇而安的"佛系教师"呢?在这个过程中他们挣扎过、努力过,也曾深刻地反省过、奋进过,经历了低谷和产生了放弃教育事业的念头,这样的现象需要引起重视。

小梅毕业已经有 10 个年头了,说起转变,她脸上浮现了欣慰的笑容,这 10 年就像是一个里程碑,小梅表示往后也会保持这份对教育事业的憧憬和热爱,一直走下去。

刚开始只是当科任教师,主要侧重于知识的传授;后来当班主任,就注重智育与德育相结合,重视学生的全面发展。

小王从教已经 20 年,经历了各种各样大大小小的事情,不再像新教师那样那么怀有憧憬。小王步步晋升,现在已经从普通教师成长为副校长,这都是他这么多年奋斗来的结果。唯一遗憾的是,小王谈到职称评聘时很无奈,有时觉得自己能力很优秀,但就是拿不到指标。

2001 年进入县城一所中学当政治科教师,一上岗即巅峰,校领导安排高一班主任和高三综合科的教学任务,刚开始我是比较抗拒的,不过既来之则安之,在高中一干就是 15 年。从一名普通教师逐步成长为科组长、教研室副主任、副校长。期间参加过一些教学方面的比赛,获得过一些不大不小的奖励和荣誉,教出过县政治科状元。2015 年抽调到新区人社局工作,2016 年调到另一所中学,2020 年至今在县城一所重点中学。正所谓得失相依,看着一起出来工作的小伙伴们很多已通过高级职称,心情五味杂陈,评了两年都没过,唉……

小杨和小王有相似的体验,但都没有放弃教师的岗位,一直坚持到现在。工作中有过压力和郁闷的时候,小杨确实有时会想换一份工作,后来想清楚了,除了教书,好像自己什么也不会,又放弃了换工作的念头,还是安心教书。他身边有一些朋友当过教师,后来去其他单位工作了,他们表示，在这些单位没有那么烦琐的事情要处理，觉得比在学校好。小吴工作负担很重，特别是"双减"之后，减了学生的负担，在她看来却无形中加重了教师的压力。现在社会对教师的舆论压力很大，稍有不慎可能会遭受很重的谴责，有时觉得非常压抑。

工作时间延长，压力增大，属于自己的时间减少。辅导作业还好，中午还要管孩子睡觉，下午又要上课，觉得累了很多。孩子整天都在学校，很多家长对学校是寄予厚望的，但不可能每个孩子都学得很好，所以就觉得教师的责任很大。希望能减轻一下教师的负担，但没有考虑过要换份工作。

小杨老师对于"双减"政策，提出了肯定之处，认为学生的精神状态明显改善了。但是，当"双减"加上疫情，就让这个班主任吃不消了。

"双减"政策下，我感觉比之前好多了。学生的睡眠质量好了，上课状态比之前好多了，我自己的休息时间也多了，早读和第一节课，感觉效率有所提升。其实，最大的变化是班主任的工作量，我发现疫情下的"双减"，班主任工作量更加重了。

小妹作为乡村教师，更是觉得困难，学校差强人意的硬件和学生参差不齐的基础，加大了教师尤其是班主任的工作难度。她说：

"双减"之于落后的乡村教学，当先进的教育理念遇上落后的教学设施和不能配合的学生家长，让我感觉开展起工作来缚手缚脚，教学设计、作业布置……这将是一个漫长蜕变过程。

经历了繁重的工作、家务和激烈竞争的职称评聘，仿佛老教师都"褪了几层皮"，只有少部分教师还保持着刚毕业时的那种奋往前冲的毅力和向往。谈到低谷期，小周坦然聊起了他的低谷，曾想过换一个工作算了，感到很压抑郁闷。他说，努力对于一个教师来说，十分关键，但是比努力更重要的是机会和平台。

小林是市区一所中学校长，他对当下教师的处境感触十分深刻，也表现出不同寻常的真实和担忧之感。小林作为学校的领导者和管理者，每天处理的事情成群成堆，不是一般心理承受能力的人可以胜任的。小林总结道：

主要压力：一是安全责任方面的压力，如防溺水、交通安全、学生意外伤害事故、校园安全、防病、心理安全、社会治安等，以至于课外活动也不敢组织了；二是意识形态和舆情管理；三是教育教学质量的压力；四是各项检查评比和开会让校长疲于应付，如花样繁多的检查、评比、文件、通知、报表和没完没了的会议等等，特别是什么都要留痕，应付的档案资料太多太多。

小林校长也曾遭受很多不公平和坎坷荆棘，他说好在都扛过来了，即使是处于事业低谷，也在朋友和家人的帮助下振作起来，继续往前冲，总会有人肯定和需要自己的。

我经历过事业的低谷，也曾想过不当教师，但是静下心来想想还是放不下，觉得自己比较适合当教师，也是自己喜欢的事业。也曾觉得自己工作这么出色，还是得不到上级领导的公平对待，就有过想得过且过，当一天和尚撞一天钟的想法，但是一工作起来，面对学生、家长和同事，就总有一种责任、使命和良知，还是认认真真、踏踏实实地工作了，这应该就是一种品格和人生态度吧。

小周老师和小旭老师也深有同感，很多时候被动地做了很多事情，让人心乱如麻。小旭的压力主要是教学上的竞争。

个人觉得工作压力挺大的，毕竟教学上有成绩的对比，管理上要注意到每个孩子各方面的安全。但是一些流于形式的活动、一些对自身教育没有帮助的培训或者会议，还有大同小异的反反复复的数据统计，个人觉得真的没有必要做，可是没有办法，上级要求，还是做了。

珍妮和小梅之前是同校校友，年龄相差不大，她也很有自己的想法和追求的目标，不过这12年来也经历很多困难，觉得压抑挫败，舒缓的心态是让她渡过难关的关键。

12年了。心态上的变化最大。孔子曰：十五有志，三十而立，四十不惑，五十知天命，六十耳顺，七十从心不逾矩。自己最深刻的认识是，自己的志向或者追求如果还没找到，不管走向哪里都是错的。但是现在已经不那么着急寻找方向了，不焦虑了。因为一辈子有点长，找不到就继续找，一直尝试，急也急不来。以前很享受和工作狂类的教师相处，我会受到影响，更加积极上进。但从今年开始，我开始刻意关心身体健康，在意休闲生活的质量，留意身边的人，意识到生活不只有工作，不是只有工作的成功才算是成功。人生是一场长跑。

小敖也经历过事业低谷期，比如在职称评审和评优评先中失败，产生焦虑心理，甚至出现职业倦怠。但是，他没有想过离开教师这个行业，因为教师这个行业是最适合他的，如果离开了，不知道还能干些什么。特别是现在教师的待遇提高了，更珍惜这份工作。"没有随随便便的成功"，努力了未必能成功，但不努力，就绝对不能成功。每个教师都遇到很多挫折，一路坚持，到头来总会有收获的。很多教师刚刚工作，满怀憧憬，激情四溢，后来由于工作环境、人际交往、工作压力等偏向了"躺平"一边，但是自从"躺平"就一直站不起来。还有一部分教师虽然经历了一段低谷，但最后还是挺过来，按照自己的规划、节奏和能力做好自己的本职工作，完成教育使命，在兼顾个人生活、家庭关系和工作内容的基础上，让自己的生活质量和身心健康得到提升。

第二节　价值深描

个人价值的含义很抽象，概括说来就是人认为什么最有意义。个体的价值取向同时是具体化的，"横看成岭侧成峰"，考虑事物的角度不同，价值观也就不尽相同。在教师群体中，每个教师对人生价值的看法五花八门，有的教师认为"身体健康"是最重要的，身体是革命的本钱，没有好的身体，再拼命去干事业也于事无补；有的教师则认为，"干事业"最有意义，竭尽所能为学生提供最好的教育，也为自己的将来做准备，晋升职称；有的教师尤其是结婚生子后的女教师，更多以"家庭为重"，家庭是永远的港湾，作为母亲为家庭承担了更多的责任，带孩子和做家务，女性承担的比重更大，为家庭的付出也更多。

对于教师而言，价值取向的选择是一个值得深究的问题。教师这个职业具有很强的特殊性，于学生、于社会而言都具有深远的影响。国家对教师职业道德做了明确要求，表明了社会对教师有更高的要求和期待。在现实生活中教师职业道德是一种广义的师德，不仅是指道德，也包括世界观、人生观、价值观、政治立场和态度、法纪观念和言行举止等内容。[1]其中，价值观是教师师德修养的重点部分。

教师价值观是学生学习的隐形标杆，学生会在潜移默化中受到教师的价值引领，主要体现在教师对自身工作价值、职业判断、道德规范所持的评价性看法和观点，具有一定倾向性的信念、理想和追求。[2]刘旭东表明，教师根据自身需要在教育活动中表现出一定的价值倾向性。[3]靳玉乐则更关注教师作为知识分子的角色。[4]根据访谈调查，教师这个群体显现了实现自我人生价值和目标追求的倾向性，反映了当代教师的心态表征。

一、极简主义

"极简主义"（minimalism）一词最初来源于20世纪初艺术绘画领域，讲求打造简单、整洁、简约的极致美感而实现对纯粹心灵境界的追求。[5]很多教师更加倾向于极简主义，主张"舒服就行"，日常工作走动比较大，如果穿裙子和高跟鞋有些不方便，舒适轻盈的运动装和运动鞋、平底鞋是标配，很少会穿高跟鞋和皮鞋，除非是很正式的场合规定要穿。在采访的女性教师中，很多教师选择"素颜出境"，有时涂一点口红，大部分时间都不会带妆上课。欧阳老师觉得平日的衣着穿搭主要视时间紧急情况而定：

穿衣主要以舒适为主。牛仔裤配T恤，是用于课较多和值日那天穿的，这样可以配运动鞋，脚不会太酸痛；夏天较多的是连衣裙配凉鞋。早上上

---

[1] 黄正平.当代教师核心价值观与教师职业道德[J].思想理论教育，2013（10）：8-12.
[2] 王玲.教师价值观及其影响因素分析[J].江苏教育学院学报（社会科学），2012（4）：6-8.
[3] 刘旭东.论教育价值取向[J].青海师范大学学报（社会科学版），1992（1）：94-99.
[4] 靳玉乐.教师作为转型的知识分子[J].今日教育，2005（1）：14-15.
[5] 陈斯允，卫海英，熊继伟等.大道至"简"：极简主义消费内涵解构与理论阐释[J].心理科学进展，2021，29（11）：2043-2061.

班时间较匆忙，不用考虑搭配，直接穿上就走。风格较简单、端庄，没有短于膝盖的，也没有无袖低胸的，因为考虑到工作的特殊性，面对的是孩子，学校是不允许穿过于暴露的衣服去上班的。

由于教师职业的特殊性，延伸到对教师衣着打扮的要求，在校上班时间的穿着应端庄得体，简约优雅，不宜过于紧身、透视、短小，避免学生模仿，造成不好的影响。小朱老师对于衣着没有特别的要求：

休闲、舒服的，不喜欢穿紧身的，身材不好，没什么自信。

除了考虑到教师职业的特殊要求之外，不敢夸张打扮的原因还源于对身材和容貌的自卑感。自从毕业以来，小朱老师结婚生了孩子，工作和家庭让她感到劳累，身材和皮肤状况也大不如前，很少能挤出时间打扮收拾自己，连体育锻炼都成为奢侈。

除去日常工作的时间，因为教师和学生的假期基本一致，很多教师在假期通常会考虑出门旅游。当询问到他们是喜欢短途旅行还是长途旅行，小袁老师是这样想的：

长途旅行的话，一般都是考虑和家人一起去的，都是在长假就是寒暑假。原因是什么？因为我们平常工作的话是比较繁忙的，可以说很繁忙，长途旅行可以增进家庭关系和谐，所以我会考虑长途旅行。

小袁老师考虑和家人一起出门远行，趁有时间赶紧陪一陪家人。平日里工作太繁忙了，周末有时间也会窝在家里休息，才能"养精蓄锐"，为新的工作做准备。在她看来，出门追求的是娱乐和轻松。

如果出门远行会带些什么？肯定带手机和一些衣服，基本就可以出门了。我觉得有手机有钱哪里都能买到东西，现在很方便，基本都不考虑带太多的东西出去。我们一般都是自驾游，是开车的，车上本身就有些生活物品。

旅行追求"轻装上阵"，太多物品反而阻碍前进的步伐。小梅老师在假期与家人朋友去全国各地旅行，主要有两个因素：

一是因为专业因素，我是历史学专业，需要到各地了解历史风土人情，掌握一些专业知识，提高自身专业素养；二是因为工作与生活压力大，需要及时去舒缓。旅行是有效缓解压力的途径。出远门会考虑卫生与安全，所以日常旅行物品是一定要准备的，比如衣物、洗漱用品、口罩、免洗消毒液等。短途旅行带的东西会少一点，长途则会多一点，齐全点。

小周和小杨则没有很强的旅行意愿。小杨考虑到花费的金钱、时间和精力等因素，不会考虑长途旅行，但是每年一两次短途出行是他的心愿：

暂时不会考虑长途旅行，小孩子还小，太远也很难带，很劳累。

《中国中小学教师专业发展状况调查与政策分析报告》一书对教师的休闲方式进行了统计分析，数据显示一个有趣的现象，更多教师选择在室内进行娱乐休闲（见下图）。[①]

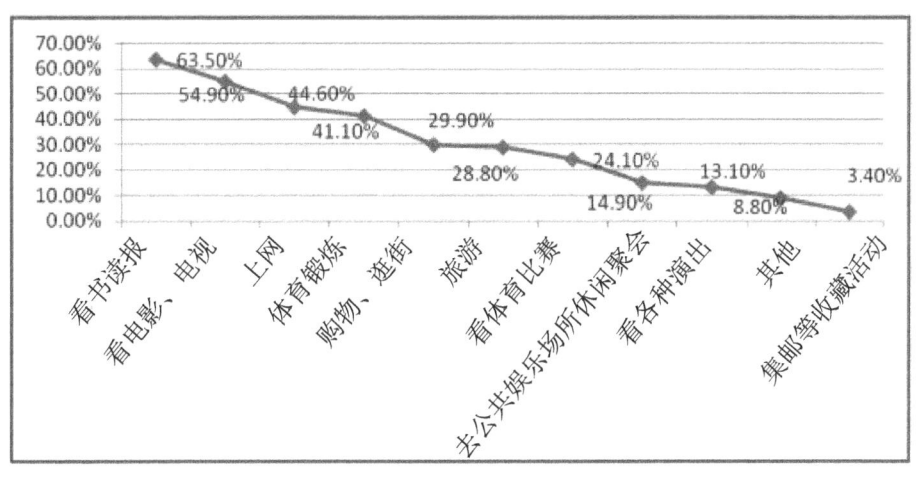

教师的业余休闲娱乐方式呈现多样化。受教师专业发展的影响，教师更多关注教育发展走向，了解相关前沿话题，63.5%的教师选择了看书读报；54.9%的教师是看电影、电视；44.6%的教师更青睐于上网，通常浏览教育类网站平台；更多教师倾向于室内的娱乐休闲活动。与室内活动相比较，室外活动占较少比重，比如参加体育锻炼的教师占41.1%，选择购物逛

[①] 丁钢等.中国中小学教师专业发展状况调查与政策分析报告[M].上海：华东师范大学出版社，2010：15，16.

街来放松的占29.9%,外出旅游的教师占28.8%。在访谈中有4名教师着重谈到简单、舒适的重要性,象征着极简主义、舒服、宽松、自由的生活态度,为紧张繁重的工作提供调和剂,缓和焦虑压抑的情绪,他们认为这是可持续性发展的生活方式。

二、他们的房间

在访谈的过程中印象最深刻的是小娟老师的家。她家里有一张独立的办公桌,左上角放着一个自制书架,很多夹层。书架里夹着厚厚的词典、薄薄的小册子,还有一些叫不出名儿的大书、小书,这些书看上去更多是工具书,都是教育类的。小娟老师说在备课、写论文时就经常会用到它们,所以随手摆在书架上方便拿。书架的右边放着一个台历,每天早上她一坐下,第一件事就是先看看日期,然后再制订出当天的工作计划,按计划完成任务,完成之后就用红笔划掉,这个过程让人很有成就感。日历的前边还放着一个小小的笔筒,这是她平时写字放笔用的。办公桌的正中间放着一本"教案",里面有她每天写好的一篇篇讲义,是讲课的"法宝"。教案右边放着一大摞作业本,是她正要批改的学生作文。书桌正中摆放着一台电脑,电脑面前有一个键盘和鼠标,鼠标的旁边有一个水杯和一叠教学用书,这是她平常办公用的。

经过小娟老师的允许,走进她的卧室,迎面就可看到一个自制的立式衣橱,虽不如商店里的衣橱华丽高雅,但取挂衣服非常方便,显得朴素而实用。在衣橱右边,有一张单人床,床头是褐黄色的,呈半圆形,好像初升的太阳,显得很有朝气。上面的床单铺得很平整,被子叠得像方豆腐块似的。床的左侧是一个书桌,书桌上摆满了大大小小的书籍,睡前起床随手可以拿到,是养成阅读好习惯的好帮手。上面还放着一盏台灯和日常文具,摆放得很整齐。这里是小娟老师批改作业和阅读学习的地方。对面放了一张餐桌,上面放着一些碗筷、餐具等。整个房间虽不宽敞,却很温馨。为此她心生感触:

就是在这间小屋里,我度过多少岁月。我就是在这间小屋里为祖国的教育事业默默耕耘，无私奉献着青春年华。也就是在这间小屋里，我伏案劳作，写出了一篇篇热情洋溢的教学论文。

欧阳老师家里的小孩上小学了，没有多余的书桌，家里很多地方被孩子占据了，她主要在学校办公室进行办公。她的办公桌中间是一台台式电脑，左上角的文件架里放着一些很少翻阅的书籍，有关语文的，最多的是党支部发下来的关于党的理论的书籍，有十几本。左下角则是放着和语文教学有关的资料，有教材、辅导练习册、练习卷等。右上角是一本日历，上面写着第几周，还有具体哪天有哪些工作，圈圈画画很多，时间就这样一天天过去了。她的家比较宽敞，有一种古色古香的初印象，棕红色的木地板，进门有一张单人真皮沙发。可能欧阳老师夫妇双方工作都比较忙，孩子也有些调皮，他们顾不上收拾，沙发上面散落着几件衣服。房间中间是一张较厚重的真皮床，床头靠近入门这边，床两边有棕红的红木做点缀。床两边是床头柜，上面放置纸巾、水杯、充电器等物件，抽屉里面是一些相册、药品、护手霜等小物品，抽屉里较杂乱。床正对着是一排大大的衣柜，从房间左侧厕所门口一直延续到右侧飘窗。飘窗边有一个小小的书架，上面放着小孩睡前阅读的书籍。

珍妮的家和欧阳老师的家不太一样，珍妮老师的爱好就是收拾东西，喜欢把家里收拾得漂漂亮亮，自己看着也舒服。她说自己平日里很爱干净整齐，风格有点小清新，无论再忙，也想把生活过好。

我的住所不太固定，所以家里也没有专门的书桌。工作的标配是一台笔记本电脑，其余是生活琐碎物品，家里书架比较多。我准备在新家添置一个专门写书法的书桌。房间多数时候比较乱，因为工作真的太忙了，入睡很快，能多睡一会儿都是幸福的。所以最近才醒悟，再忙也要把生活过好，要把被子叠整齐，把阳台收拾好，把自己拾掇好。

三、称职才能心安理得

"称职"几乎是所有新教师入职前对自己的职业操守的基本要求，对教师专业发展起着关键的作用。像小邹老师说的："我期待自己是一个能够让学生学到东西、家长可以放心，一直保持热爱教育事业的教师。"小郑老师也认为自己应该成为"一个受学校领导重视、家长和学生爱戴的好教师"。小娟老师是脾气好的姑娘，同事和朋友都夸她很尽职尽责，按她的说法，"年轻嘛，多吃点亏，冲一冲做个称职的优秀教师准没错的"！

之前总听人们说，教师是和公务员相当的职业，工作稳定又清闲，假期长；学生心思单纯，是非常适合女生的职业。但是等你真正深入了解这份职业后，就会发现万事不易，世界上没有捷径可走。教师每天所做的是极其普通烦琐的工作，日复一日，年复一年。我对教师看法的改变主要从不会教到关注怎样把知识教好这一态度上。短短的一句话，却包含了很多很多的内容。刚刚从教的我懵懵懂懂，经过这些年的磨炼，掌握了备课、上课、批改作业、教学反思等方法，这些都是靠一点点摸索出来的。学生基础不一，如何让大部分学生都听得懂？学生课堂纪律差，如何提高课堂管理能力？等等，这些渐渐地成了我日常一直关注、探索与实践的问题。

小娟老师说，身边经常有人说教师工资不高，教师生活太单调等等，但是，她一直认为教师就是教师，言传身教，是一个能够深刻影响学生成长的角色。所以就是"教师"这个职业，"教师"这个身份让她一步一步成长为一名成熟稳重的教师，不仅成为一名称职的教师，而且通过自己的努力成为一名优秀教师。小娟老师强调，每一个担任这个角色的人都应该尽到自己的责任，不仅要教给学生知识，而且应该引导他们做人。关爱他们的成长，以自己的一言一行影响他们，使他们形成一种正确的人生价值观。这才是教师最应该做的事，是教师的职责所在。

小袁老师担任班主任，每天固定的工作是管班，包括考勤、安全工作、思想教育、学科教学、卫生清洁监督等等。加上学校有寄宿生，还要兼顾他们的内务管理和生活，想要做到称职是很不容易的。

小邹老师从事小学教育已经是第14个年头了，对于如何成为一个称职的科任教师和班主任，她的感悟是：

随着年龄的增长，我越来越认识到教师的重要性。祖国未来的发展，与教师密切相关。一个孩子的健康成长，教师对他们有很大的影响。我已经从教 14 年了，每教一届学生都有深深的体会，就是教好学生，学生就有很好的起点，为初中、高中、大学打好基础。

反之，如果教师比较懒散，态度比较消极，那么教学质量也不好，这对学生很不好。当然了，这种教师是比较少的，按我个人来讲，尤其是我现在作为两个孩子的妈妈，就更加深刻地体会到，我们作为教师，积极、向上是非常重要的。学生的成长离不开教师，所以我愿意付出更多精力去教育学生。

小花老师从教已经满 15 年了，她谈到自己的事业，最有成就感的是坚持不懈的精神，舍得为学生付出。十几年来，每个教师仿佛都做着同样的一件事情，周一到周五每天都是早出晚归，每天近 12 个小时待在学校。她说可以用几点来形容十几年来的心得体会：

一是工作内容烦琐但不枯燥。你如果问一位教师今天上班做了什么？她即使认真回想也是没办法细数出来的，因为每天做的事情太多了。但教师的工作不枯燥，即使上同样的教学内容，也有不同的体验。二是疲惫但有坚持之心。教师的事务实在太多，一天忙碌下来，身心都感到很疲惫。很多教师都处于亚健康状态，你说让教师下班后去做运动，真的很难！因为回到家第一件事情，必须是休息续命。所以，十几年如一日地工作，面对着学生，解决各种各样的问题，靠的是一颗坚持之心。如果坚持不下来，很容易动摇，想改行。三是有一定的社会地位。在一个普通的小镇区，大部分人都认为教师是一个很体面的工作。听说你是教师，都比较尊重你，对你说话客气很多。与家长沟通联系，大部分家长都比较配合，也乐意听从老师的安排。

小梅和小娟是同一个地方的教师，至今从教 10 年了，心态发生了很大的变化。她的感受是：

刚入职时比较青涩，对教师充满憧憬与激情，但是由于专业技术能力不够成熟，无经验，所以处理问题显得稚嫩；随着年龄的增长，经验的积累，专业技术能力的成熟，工作就会得心应手。

做一个称职的教师，是像小娟、小梅、小袁和小邹这些教师最初的理想和基本目标，不能辜负家长、学生和社会的期待。教育是国之大计，教育强了国家才能兴旺发达，他们为自己奋斗的事业感到自豪和骄傲。虽然培养人才是一个持续化的艰辛过程，但是这个过程也造就了一批优秀的师者，让他们收获了人生的价值和强烈的成就感。

四、面对现实

教师工作的繁重和职称职务晋升的压力让很多教师感到身体与心理双重疲乏，有的甚至放弃教师岗位，跳槽到其他岗位，或者像一些女教师辞去工作，转而担任家庭主妇。但是更多遇到坎坷的教师，像小林、小屈、小杨和小邹等，还是面对现实，继续在教师岗位上做好自己的本职工作。

小林早上七点前已经到学校了，巡视学生的早读是早上的第一项工作，巡视早读结束后就巡视校园、校门口、教室或教师办公室。对于担任行政工作的教师来说，平时的应酬很多，工作很重，大大小小的事情都需要牵头负责，很少能挤出时间来做运动。大课间就是个不错的机会，这半个小时里，小林会跟随学生一起做操跑步，重抓学生的精神面貌，同时以身作则，带动、监督学生运动，增强体质。第二节课小林一般到行政办公室了解、跟进和布置相关的工作，或者与同事一起完成主要的工作。第四节课回到自己的办公室处理手头上的工作，如果不忙的话就去班上听课指导。作为校长，面对很多教师留不住，选择了跳槽或流动到其他学校，他持这样的看法：

一是工作条件差、待遇低；二是校长不善于管理，学校人际关系紧张、不和谐；三是看不到自己成长的希望；四是家庭原因，如要照顾老人等；五是其他地区教师待遇好或者其他行业更有吸引力所致。

小光老师和小敖老师认为教师离职最大的因素是工资和职称，"教师职业就像是一座围城，外面的人拼命想挤进来，里面的人拼命想涌出去"。这是小敖老师的想法，外面的人主要看到的是教师待遇逐步提高、假期长这些优点，但没有了解到教师的很多无奈。有时公事和私事一下子压在身上，动弹不得，这时小敖老师就使用时间管理的"四象限法则"。

我工作日的时间安排是，先上课，该上课的时间就要上课。空堂时间，就看看手头上有哪些任务，按照轻重缓急来完成任务：重要且紧急→紧急但不太重要→重要但不太紧急的→不重要不紧急的。这样下来各种任务就都有了自己的位置，一件一件来，任务总会完成的。

让教师感到十分苦恼的还有另外一个重要原因，便是学生家长方面施加的压力，有时让大家喘不过气，尤其是经验不是很丰富的年轻教师。和小花老师不一样，小屈、小黄和小月等老师没有那么幸运，她们都遇到了这样的困难。小屈老师的学校在城乡接合部，学生基础多数不太好，家长文化程度不高，平日也忙于务工，沟通起来有一定难度。

职业幸福感不如2009年刚工作那阵子。这几年随着国家对教师的重视，特别是对我们这些城镇教师的重视，我也在不断提高自己的专业能力，要在教育改革大潮中抓住机遇，创造自己心仪的教育生态环境。

小黄老师工作有16年了，在这个过程中遇到了许多困难，其中包括与学生家长打交道。有些"后进生"，学习习惯很不好，也很难纠正，需要家长配合学校才能做好工作。但是一些家长不一定配合，甚至唱反调，认为教育是教师的责任，与家长无关，如果教师要求他们配合，就是给他们增添负担了。小月老师是刚入职的教师，毕业时曾到珠三角地区应聘，但是没有如愿获得教师编制，最后到一家公办小学当临聘教师，希望有机会获得编制。她遇到一个不讲理的家长，把她当作为学生服务的保姆，常常在微信上质问她"为什么不帮小孩系鞋带"之类。入职不到一年，小月老师就多次怀疑是不是选择错了。

按小邹老师的说法，这些经历都将成为自己教育事业的宝贵财富。当教师，除了传授知识外，其实德育才是最棘手的。特别是当下网络信息如此发达，小孩子接触到的信息包罗万象，良莠不齐，如何正确引导、规范学生的思想和行为，教师的引导十分关键。还有一个十分敏感的话题，小邹老师接着补充道，现在的学生普遍存在一个趋势——内卷，很多学生学习的压力很大，突破了正常可以忍耐的界限，加上其他一些原因，例如父母离异、校园欺凌等一些特殊因素，学生出现心理问题的比例逐年上升。

关注学生心理健康，是不可忽略的重要工作，生命健康是最宝贵的，不可复制的。都说班主任老师是"管家婆"和"班妈"，同时管理几十个孩子，人的精力是有限的，有时真的应接不暇，难免会忽略一些细节。所以，当教师一定要保持细心和耐心，最重要的是有爱心和上进心。面对压力和现实的苦恼，要挺得住艰辛。

感觉有时候压力太大啊，当然啦，像我这个人，心里还是比较积极的，属于那种能吃苦耐劳的，因此，我不觉得很辛苦，但是对很多一线教师来说，工作分量还是算比较重了。如何把工作落实到位，而且高效地落实好，我觉得是最棘手的。如果完成得好，就是这个世界上最有成就感的事情，因为你的工作是育人。十年树木，百年树人。面对现实的困境，把脚步停一停，往好的方面多想一想，事情总会过去的，生活和工作就有存在的意义与价值，我们都得学会面对现实。

教师通过教育实践的磨炼，掌握了一套为人处世的法则，他们当中有极少数人离开教师岗位，去尝试开辟另一片新天地；而绝大多数教师，依旧坚守在教育岗位上，心甘情愿为教育事业奋斗终生。总而言之，他们都学会了面对现实，只是采取了不同的面对方式。

第三节　生活欲望表征

通过研究分析得出结论，教师关于心态和价值的深入描绘都凸显了同一个矛盾——工作现状与理想生活的冲突。教师渴望得到更多的社会关注和待遇提升，更希望获得合理休息的空隙，但是休闲主动意识和管理意识不强。良好的休闲意识能让小学教师在有限的休闲时间里规划好自己的休闲生活，提高教师自身的休闲自觉性。[①] 休闲可以让教师更容易做到"劳逸结合"，为教育工作的高效完成养精蓄锐，把教师的人文关怀做到位，提升教师的职业幸福感。研究表明，经常参加多样化的团体休闲活动，特别

---

① 张顺娇.小学教师休闲生活状况研究[D].济南：山东师范大学，2016：35.

是体育活动，更有利于教师建立良好的受挫能力和面对困难的毅力和勇气，建立起较为强大的心理防线，有更大的认知和行为的变化弹性通过意义，也即通过在同一活动类型"内部"进行替代以重新获得自由。①

然而，作为教师尤其是班主任和行政人员，他们基本没有休闲的时间和精力。调查显示，超过80%的教师在工作日内平均每日休闲时间在3个小时以下，只有不超过20%的教师周末休闲时间超过8小时。由此可见，教师的休闲时间不足逐渐成为教师生活质量水平不高的重要因素，也成为导致教师生活幸福感不足和工作压力过大的主要原因。教师日常工作十分繁忙，几乎所有访谈对象或多或少都涉及工作压力大的话题并表示无奈。教师几乎"住"在学校和办公室，时时关注着学生的动态，很难兼顾自己的家庭和生活品质。加上教师的职业待遇和工资不高，虽然逐年提高，但是仍不能满足高质量生活的需要；职称评聘越来越困难，指标少竞争大，常常为了一个职称名额"削尖脑袋挤破头"，有些教师评了几年甚至十多年都评不上高级职称。

在这样的情况下，教师的职业幸福感始终提不上去，很多教师陷入了职业倦怠的疲劳期，从他们的装扮、健美以及房间装饰等得以体现，细微的生活细节反映了教师的生活态度和价值取向，这对于研究教师的生活欲望是非常有帮助的。通过分析，归纳教师生活欲望三套表征物，分别是关于身体与物品的美化、工作人际与家庭关系的平衡、日常休闲活动方式和生活环境的状况。这三套表征物分别有两个方向的表征意义，包括正向表征意义与负向表征意义，体现了教师生活的高欲望与低欲望，反映了教师群体中分化的两个小群体对生活的态度。

第一套表征物关于身体与物品的美化，比如教师日常的衣着服饰、妆容发型、摄影爱好、办公桌物品摆放、房间设计和物品摆设等。对生活具有高欲望的教师通常穿着讲究，学习搭配的美学，追求视觉上的美感和享

---

① 艾泽欧-阿荷拉.休闲社会心理学[M].谢彦君，等译.北京：中国旅游出版社，2010：360，187，191.

受，这在女教师的衣着打扮上尤其典型。由于教师职业的特殊性，很多教师在日常工作中穿着大方得体，过于暴露、时尚、艳丽的服装便不适宜上班时间穿，比如无袖装、短裙、低胸衣、紧身衣裤等，避免在学校影响到学生，造成不良的跟风效应。但是这些教师在选择和购买衣服时考虑也十分周到，需要兼顾工作的舒适性、职业符合度和美感搭配，颜色款式简约、优雅、大方，有时会穿高跟鞋搭配裙子，男教师则较多挑选衬衫和西装裤、皮鞋等，有时会穿运动套装搭配运动鞋。关于女教师的妆容发型，前面已经提到，这部分教师虽然不会每天化妆上课，因为时间比较紧，很少有时间和精力去精心打扮，但是有时会化淡妆和涂口红，即使没有时间化妆，也尽量让自己看上去精神饱满。这类教师很喜欢记录生活和工作的美好瞬间，在微信朋友圈常常更新动态，特别是这部分女教师，总体上更加热爱摄影，分享美照。在物品的摆放和房间的设计上，这类教师常常有"收拾打扫"的习惯，干净、整洁、清新的环境让他们觉得心情愉悦，甚至有的教师把收拾房间和书桌当做是放松心情的方式，"每当收拾好自己的桌面书籍和叠好衣服，感觉整个人都变好了"。装饰房间时，他们常常考虑到房间的格调和格局，整体考虑美感的视觉享受和生活舒适度的统一，风格多样，中式古典风、清新唯美风、简约西式风等，起码可以做到干净整洁。

  对生活具有低欲望的教师则没有考虑这么多因素，最主要的一点就是简便有效"不累人"，追求自身的舒适体验感。这类教师的日常衣着服饰、妆容发型、穿鞋等方面偏向于朴素，不追求过分的搭配，在他们眼中这倾向于某种程度的"强迫症"，没有很强烈的对美感的追求。关于摄影爱好，这些教师会选择拍摄一些风景，但是不会特别为了摄影而去学习相关的技巧，朋友圈很少发关于自己的照片（通过了解发现，其中也有对自己相貌、身材不自信的原因），或者不发朋友圈，在他们眼中这并不算是重要的事情。这些教师更多地是将自己的工作留在学校办公室完成，回家尽量不工作，他们觉得应该在适当的地方做相应的事情，没有必要这么拼，完成本职工作即可。通过观察，这类教师的办公桌和房间状况分为两种情况，要么十分凌乱，如他们口中的"乱中有序"；要么十分空旷，书籍寥寥无几。

日常状态下，房间看上去比较杂乱，如衣服、帽子、毛巾等会随手放到方便的地方，衣柜也是如此，很少会花费精力去收拾衣服。

第二套表征物关于工作人际与家庭关系的平衡，包括和同事的交往、学校的工作氛围、家务活的分担和配偶的关系等。生活高欲望的教师经常与同事、领导沟通交流，遇到困惑或困难积极寻求他人帮助，不会憋在心里；别人需要帮忙时经常能够尽自己的能力伸出援手，与同事领导的关系较为融洽，喜欢和"工作狂"结交朋友，甚至很多时候自己就是"工作狂"。他们可以通过自己积极的工作态度和教学热情带动身边的人积极进取，喜欢竞争激烈的工作氛围，认为这样更能够倒逼自己得到更好的专业成长，长期而言是有利的。在家庭方面，他们常常积极沟通，向往能够得到理想的生活，并能够为此付出很多努力，但有时候不能如愿以偿，陷入"理想很丰满，现实很骨感"的苦恼之中。面对伴侣很忙碌的工作，懂得为对方着想并实施行动减轻对方负担，所以与另一半的关系通常可以长久维持。

生活低欲望的教师经常秉持随遇而安的处世理念，在他们眼中，"很多事情其实没有那么重要"，在经历了从"打鸡血"走向职业疲劳的转变之后，职称的评聘和职位晋升也无所谓了。和同事朋友之间的关系算不上融洽，但也"井水不犯河水"，这类教师不会花费很多精力长期维持一段关系，只求随心所欲，"水到渠成"。而与配偶之间的关系则很微妙，有一拍即合的，也有"佛系夫妇"的，不能一概而论。

第三套表征物关于日常休闲活动方式和生活环境的状况，休闲活动包括运动健身、看书看报、观影追剧、旅游逛街、宅家上网、美食打卡、补充睡眠等；生活环境包括房间舒适度、整洁程度、光亮感、房间大小等。这些是他们经常选择的休闲娱乐方式，虽是很平常的活动，却赋予了他们忙碌生活中不普通的意义，充分利用周末时间"充电续命"。生活高欲望的教师一般选择在节假日约两三个好友或和家人出门，多选择户外活动。例如运动健身，是保持教师身心健康的重要方式，不仅能够锻炼意志力，同时能够保持良好的体型，保持和增强愉悦心和自信心。消费活动也是教师休闲活动的一大"块头"，比如逛街买衣服、到电影院看电影、去网红美食店打卡等等,女教师在这方面是主力军。

而低欲望的教师,在休息时间大都选择在家或者一些安静的地方清净心灵,身心尽可能担负少一些"累赘"。一些倾向于"佛系"的教师更会抓紧休息的大好机会美美地睡上一觉,经常在周末睡到次日中午十一点以后,早餐和午餐一起解决。除此之外,在不影响工作进度的情况下最直接的休闲方式是用手机上网,刷短视频和微博等社交平台,充分利用这段时间调整自己的心态。

生活环境的硬性条件亦是不能一概而论,需要根据教师的薪资收入和家庭背景进行考虑,收入水平较高者的住房条件相对较好,即使生活习惯不好,也可以聘请保姆或钟点工收拾整齐。从家庭生活环境可以观察到主人的生活习性和生活态度,高欲望的教师一般乐意将房间收拾好、装扮好,营造阳光的生活环境;而低欲望的教师则不注重生活环境的营造,舒适方便即可,"打扫干净不久又会凌乱,还不是瞎折腾"。

以上三套表征物,表面上在一定程度体现了生活高欲望与生活低欲望教师的一些生活、工作状况。但是,这些表面象征,也给了我们很大的启发。教师的休闲生活给教师的心态带来了很大的影响。首先,当今社会大背景下,任何人都可以对教育评头论足,对教师施加舆论影响,这让教师承受了很大的心理压力,担心成为不正的"上梁"而"愧为人师"。其次,长期伏案工作和喊话讲课,教师的职业病愈发严重,例如颈椎病、肩周炎、近视加深、慢性咽喉炎等,教师的身体受到了一定损伤。因此,教师的工作与生活一定要"劳逸结合",调和身心达到平衡状态,才能为学生带来更好的指导和引领。

第四节 教师价值实现的路径

根据访谈对象的观点与生活和工作的情况,我们总结出教师心态主要有以下六个问题:一是认为前程渺茫,努力也没有意义;二是人际圈单一,不喜欢竞争;三是只管当前教学,不乐于拓展知识面,安于现状;四是过于投入工作,精神焦虑压力大;五是经常熬夜工作,缺少锻炼身体和休息缓冲的时间,生活质量有待提高;六是缺乏沟通的主动性和耐心,加剧工作与家庭的冲突,矛盾重重。

应该如何转变心态,以实现教师价值呢?

一、社会层面应健全支持体系

(一)重塑尊师重教的社会风气

尊师重教是教育事业发展的必然要求,更是经济社会发展、社会文明进步以及民族振兴发展的基础保障和客观要求。[1]提高教师的社会地位,重塑尊师重教的社会风气十分必要。教育是立国之本,强国之基,国家和民族的未来在于教育,在于青年一代。重视教育事业的发展,为教师的发展提供宽松和谐的人文大环境,是帮助教师实现自身价值,助力教师心态转变的重要一环。

学生是发展的人,教育事业是发展的事业,评判教育和教师,应该用辩证的观点。同时,教师也是一份特殊的职业,除了必备的教学技能,还应具备一定的教育情怀和相应的职业道德。渊博的知识、高尚的情操、甘于奉献的精神,是教师的代名词,但是教师并非圣贤,教师也需要尊重和关怀,需要生活和属于自己的时间和空间。教师为教育事业奉献了很多,社会应该给教师更多的理解和支持。改善教育条件,既是为教师的工作提供帮助,也是为学生的发展优化环境。

绝大多数教师,都是平凡的教育工作者,他们虽有一技之长,但归根到底不是全能的。社会应该对教师怀有包容的心态和合理的期望,不应对教师进行"道德绑架"和不合理的指责。反之,更应为教师营造包容、自由、和谐的发展氛围,包容个性化的教育方式,促进社会、家庭和学校实

---

[1] 贺武华."尊师重教":由外向内的主体转向及教师自我认同提升[J].教育发展研究,2017(12):66-70.

现教育合力，促进学生健康成长，而不是将教育学生的责任全部推卸到教师肩上。此外，社会层面应积极宣传教师的正面形象，以此作为学生的表率，同事的榜样，引导社会关心教师、支持教育事业。关注教师的合理需求，不断创造条件，搭建发展平台，吸引更多的优秀人才走进教育行业。

（二）提高教师薪资待遇

教师是学生的引航人，肩负着为党育人、为国育才的艰巨任务。中小学教师作为基础教育的实施主体，对学生产生着深远的影响，这主要体现在其世界观、人生观和价值观的形成方面。

研究表明，超过一半的教师对自己的薪资不满意，认为教师工作付出与收获不成正比。有教师认为，虽然当前提高教师工资待遇的呼声越来越高，但是落实并非短时间内就可完成。教师是学生学习的榜样，承担着教书育人的重任，但职业本身的创造性与特殊性没能给教师带来令人满意的经济收入。[①] 经济是基础，也是职业地位的核心体现。辛苦的工作和大量的付出没有得到相应的回报，让很多教师感到不满，心生埋怨，久而久之对职业的未来感到失望，也渐渐失去了教育的激情，教育教学工作应付了事，这是很多教师走向职业倦怠的一大因素。因此，要切实提高教师的薪资水平和福利待遇，以吸引更多的优秀人才走进教育行业，也让已有的教师坚守在教育岗位，做好本职工作。

二、学校层面应提供充分条件

（一）营造良好工作氛围

学校层面应遵循人本管理理念，听取教师的合理需求和建议，善待每一位教师。学校重大事项的决策，应该征求大家的意见，以激发大家参与学校管理的主动性和积极性，寻找最优方案推动学校发展。再者，不断完善绩效考核制度，遵循多劳多得的原则，高质量工作对应较高奖励，激励教师为教育事业贡献更多力量。

---

① 林莘. 小学教师职业倦怠的原因及对策研究 [D]. 长沙：湖南师范大学，2020：44.

（二）关怀教师身心健康

身体是革命的本钱，健康是生活的基础，教师是教书育人的职业，更需要保持健康阳光的身心状态。教师只有在身心健康的前提下，才能更好地完成教育任务，实现自身价值。研究表明，给教师带来压力和忧虑情绪的一座"大山"，是应付各种应接不暇的检查和非教学任务。因此，很多教师难以将精力集中在本职工作中。学校应呼吁教师走出室外，参加体育活动，促进身心健康。

具有良好的心理健康素质对于义务教育阶段的教师来说十分重要。[①] 义务教育阶段的学生身心发展还不成熟，比较容易受到教师的影响。学校应努力构建和谐的人际关系，让教师体会到爱、温暖与信任，提升幸福感和自豪感。心理健康的教师，无疑给学生带来积极向上的影响。

三、教师个人应保持积极心态

（一）积极向上

教师职业的特殊性，要求每一位教师无论性格是外向还是内向，都应该保持积极向上的心态。教师作为教学的组织者、引导者和管理者，积极向上的心态，无论对学生性格的形成还是心理发展的影响都有积极作用。教师应该对未来充满希望，即使事业处于低谷期，也应该相信通过努力能够解决问题。与此同时，教师应该根据实际情况确定工作目标，不盲目乐观，也不悲观失望。如果设置难以实现的目标，则容易感到焦虑，容易衍生职业倦怠，甚至产生严重的心理问题。教师应该对自身的专业水平进行正确评估，科学规划职业发展。根据爱德华和阿特金森的期望理论，自我期望值达到中等偏上水平时，才能最大限度地激发自我发展潜能，并最终达到目标。期望太低或太高都容易走向极端而功亏一篑。

---

① 刘金平，任洁，原雨霖.义务教育阶段教师心理健康素质结构及其培养[J].课程·教材·教法，2019（01）：118-123.

（二）改善人际

马克思认为，人是社会关系的总和。教师是"生产"人的工作，在教育工作中，教师涉及多重关系，包括教师与学生的关系、教师与家长的关系、教师与同事的关系、教师与领导的关系等等。从事教育工作，将不可避免地和各种人打交道，教师应该学会坦诚对待学生、家长和同事，在处理矛盾时，应多站在他人的角度考虑，这是建立良好人际关系的重要方法。

近朱者赤，近墨者黑。在日常工作和生活中，教师应多接触积极、上进的人，以保持良好心态。如果长期处于"佛系"和"躺平"的社交氛围中，很有可能被这种环境同化。"择其善者而从之，其不善者而改之"，教师应该善于与"朱者"做朋友，不仅可以学习别人的长处，而且借助团队的力量实现教育资源共享。

（三）终身学习

信息化时代，知识更新迭代速度超乎想象，如果不能与时俱进，终将被时代所抛弃。教师必须具有终身学习的观念和反思意识，要不断学习，提高业务水平和科研能力，提高自我效能感[①]，才能站在时代前沿，保持知识不落后、思维不固化。自我效能感能够激发教师的内在驱动力，保持良好的工作机能，对工作充满热情，促使专业成长。

研究表明，中小学教师的教学能力大多数不成问题，但是科研能力普遍偏低，能够兼顾教学与科研能力的教师为数不多。科研能力是教师增加教育理论储备和提高实践能力的重要素养之一，但提升的难度大，需要成长的平台和机遇，更重要的是教师要有追求卓越、勇于进取的意志，所以只有极少数教师能够在这方面有所建树。正因为如此，科研能力水平高的教师的成就感和幸福感相对较高，自我效能感也随之达到较高水平。

除此之外，教师应该做好职业生涯规划。教师心态的转变，很大程度

---

① 范琳，杨杰瑛.高校英语教师职业倦怠及应对策略探究：基于教师专业发展的视角[J].外语教学，2015，36（03）：44-49.

上是由于自身能力与所期盼的结果不相符，造成了心理上的无力感和无助感。这时，职业生涯规划就可以发挥独特的作用。一般来说，职业生涯规划可以划分成几个时间段和下设小目标，根据自身能力和发展愿景进行制定，尽可能做到"跳一跳够得着"，切忌不切实际的幻想。分阶段、分板块逐个击破每个小目标，根据发展情况适当调整规划，使之成为事业的蓝图，也是专业成长的记录。

（四）劳逸结合

自我管理能力（self-management skills）是指受教育者依靠主观能动性按照社会目标，有意识、有目的地对自己的思想、行为进行转化控制的能力。加强自我管理能力，有助于教师进行时间管理。我们在访谈中发现，很多教师工作日大部分时间留在学校，很难挤出休闲和锻炼的时间，以致身体素质下降，精神状态变差。教师应专门抽出一段时间，用以休闲和运动，只有劳逸结合，才能更好地提高工作效率。

当前，中小学教师承受的压力普遍较大，时常陷入焦虑之中。教师应该正确对待压力这把"双刃剑"，它可以成为发展的动力，也可以成为前进的阻力，需要适当进行调节。每个教师个体对压力的承受能力不一样，教师需要对压力承受幅度进行评估，更重要的是要对压力来源的本质进行分析，才能做到有的放矢。

（五）热爱生活

大体来说，热爱生活的人心态不会过于消极，他们具有难以掩盖温暖的魅力，这对学生的人生观和价值观也会产生积极的影响，成为学生"未来想要活成的样子"。例如在访谈中，有的教师十分热爱生活，喜欢将办公室和房间打扫得干干净净，认为看到敞亮整洁的环境心情也会舒畅许多。还有的教师即使工作再忙，也不忘与家人联络感情，珍惜与家人相处的时间。从这些教师的言谈当中，可以感受出他们热爱生活的人生态度和积极乐观的心态。

除此之外，热爱生活的教师大部分注意培养自身的健康意识，健康行为,健康动机和健康责任的大健康观。[①]培养教师健康的身体素质,需要从日常的生活方式抓起,培养规律作息和规律饮食的好习惯。教师需要养成良好的生活习惯,例如远离烟酒、不暴饮暴食、不过度减肥,做到均衡膳食、早睡早起,坚持规律性体育锻炼等等,提高健康意识和健康水平,养成健康的社会心态,为工作和生活夯实基础。拥有健康的身体素质、积极向上的生活心态,教师能够更好地投入教育工作中,更好地实现人生价值。

小　结

前程在教师眼中,可以是努力奋斗的成就和发展事业的资本,也可以是无所谓的追求,最重要的是他们对职业经历和人生阅历的经验总结与自身性格的结合,才促成对职业生涯的独特理解和看法。归根到底,认为上进才是"正道"的教师占绝大多数。很多教师已经经历过事业低谷,由开始激情满满的"打鸡血"的青年教师到职业倦怠的"老油条"教师,受许多因素的影响,但最关键的仍然是职称评聘的艰难和工资水平不高,这让部分教师觉得与自身的努力和价值不匹配。但是,绝大部分教师还是选择继续前行,处理好家庭与工作之间的矛盾,以期成就一番事业。

通过具象的个案分析,了解了教师的休闲生活和价值取向,从教师的衣、食、住、行上分析其表面象征,研究教师的生活态度和工作态度。在生活节奏加快、"内卷"形势严峻的时代,人们追求人生价值实现的需求更加强烈,在忙于生计、碌碌奔波的同时,教师的身心健康得不到很好的保证,良好的休闲娱乐意识观念和落实方式至关重要。"休闲是通过自我完善和自我认识而获得的自由并发现意义的一个渐进的过程。"[②]大部分教师能够

[①] 杨国顺.健康中国视角下高校体育教师生活方式与身心健康研究[J].河南教育学院学报(自然科学版),2022,31(01):67-75.

[②] 古德尔,戈比.人类思想史中的自由[M].成素梅,等译.昆明:云南人民出版社,2000:102,281,302.

认同教师职业角色，并乐意为教育事业持续奋斗，而健康、适当的休闲生活和生活方式以及良好的生活环境，可以为教师提供奋斗教育事业的保障。

第六章　职业心态与流动意向

五月份，我们与小邹老师约了晚上八点进行访谈，可临近八点（七点四十五分）发微信同我们说，可能要晚半个小时。起初我们还没有意识到问题的严重性。直到她与我们说："抱歉让你们久等了，我得帮我小孩洗完澡哄睡觉了才有属于自己的时间。"而这时我们下意识地看了一下时钟——八点四十五分。

后面要采访的十几位教师，其中大致有四成的教师是类似的情况，约好了某个时间点，可总有这样那样的事情把采访的时间推迟或者提前的。有的老师和我们说："真的太不好意思了，刚给我家小孩辅导完功课。"一个还好，有的甚至是辅导完两个小孩再进行采访。小林老师那次同我们说："刚处理完几个学生的事情，让您久等啦！"这桩桩件件与教师这个职业有着千丝万缕的关系，在这样的环境下，难以开展自己的工作，难以开辟自己的世界。

对于教师来说，"采访前的这些工作"同等重要，虽说它不是教师的本职工作，但这并不意味着这些人和事对教师本身不重要。他们需要面对学生的问与学，回家还要处理生活中琐碎之事，这就产生了很大的职业压力。本章想要与大家一起探讨的是：家庭和学校的双重工作给教师带来了哪些困难和压力；教师又是如何化解这些困难和压力，他们有什么方法去创造愉悦；"双减"政策背景下，教师的工作发生了什么变化。

他们的策略与方法，总是在磕磕碰碰中完善。在时间空间上的自主性与权利的表现，实际更多的是一种表面现象，并不能真正实现教师对自我的完全支配。许多"小动作""反抗"、挑战等,在我们看来也只是获取自尊和自信心。本章值得重点关注的是不同场合的点点滴滴,这对教师来说,越是零散的事件就越有力量,越能在不知不觉中改变原来的目的。

第一节　无欲无求：社会压力的应对

2022年5月的一个晚上,小袁老师与我们进行电话通话,描述着她从早上7点左右走进教师办公室到晚上下班回家的故事。她说,办公室里包括她一共有四位教师,临近七点三十分,陆陆续续来到办公室,都是这个年级的科任教师。小袁老师给我们介绍这个位置是教什么科的什么老师,那个位置是教哪个班的什么科的老师。我们很认真地听她诉说在学校一天的工作,后来发现她在诉说的字里行间透露着浓浓的疲倦。我们感到一种令人窒息的味道扑面而来。

因为我教的都是比较好的班,压力肯定是有的。如果从一个教师的角度来讲的话,我们教师的责任就是立德树人,所以说教师的压力来自哪里,其实就是来自本身。就是说如果你想把一个班教得好的话,你肯定是要有压力的吧?我们班有六十几个学生,学生比较多,如果你真的是想把六十几个学生都教好,压力肯定是有吧?而且我们大多数学生的分数不是很高,大都是400分左右,当然也有高一点儿的,但大多数是低分数,所以他们的基础不是很好。作为教师,我们除了日常教学外,对学生的道德修养和行为习惯的教导,花的时间很多。这些学生大多数来自附近乡村,其中很多是留守儿童,需要进行心理疏导,可以说,压力第一个来自本身,第二个来自学生。

我们学校有一句这样的话,周末是拿来续命的,就是说平常星期一到星期五是很忙,真的很忙,一般是从早上6点多一直忙到晚上9点多,我又是行政,一般都要忙到晚上11点左右。怎么样进行放松,其实就是周末时间尽量少接触工作,让自己放空。现在是疫情期间,我们要收集各种表格，所以有周末也等于没周末。有时宿管那边也需要班主任协助，就更忙，更有压力。

从"周末是拿来续命的"这句话可以知道，小袁老师的压力是很大的。

我觉得做老师其实就是教知识。很多老师都有这样的专业知识，应该不是特别的难，但是难在哪里呢？难就难在关于德育工作上，社会比较复杂多变，网络世界特别畅通，孩子接触的东西比较多，随之而来的就是想法很多很多，有时候我们作为教师，特别是班主任就感觉……哎，怎么说呢，想走进孩子的心里啊，而且呢，让他们阳光健康地成长，有时候不是那么容易的一件事情，尤其是小学，随着年级的升高，从一年级到六年级，他们的变化是很大的。

我觉得最棘手的是班主任工作，嗯，班主任很多人说是管家婆，啥都管。但是说真的，现在我们的一线教师，特别是班主任事很多。比如，我们既要办家长学校，也要搞少先队工作，还有班主任工作，除了这个，还有劳动教育，还有心理健康辅导，合起来都有五六样。我作为一名党员教师，也有党建方面的工作。我们做班主任工作，不应计较得失，值得不值得？我觉得值得。

我虽然已经工作了十几年，但是有时候觉得真的很难。现在倡导"五育"并举，我们班主任好像还有体育锻炼等等，真的很难兼顾，压力很大。当然啦，我还是比较积极，属于那种能吃苦耐劳的，但是对很多老师来说，工作压力是比较大的。

现在最大的挑战是，班主任如何把这些工作落实到位，而且高效地落实好，这是最棘手的。

小邹老师的语气透露出了一丝无奈与艰辛，"我"和"我们"的角色不断切换。在小邹老师身上，我们可以看到作为一名教师，众多的无可奈何压在身上。

当前教师压力还是挺大的，首先，社会普遍认为，教育质量的提高关键在于教师，一旦学生出现问题，人们就会将责任归咎于教师，认为是教师教育不当造成的；其次，上级对教师的管理压力也重重地压在教师身上，分派的与实际教育教学无关紧要的任务压力、晋级难的压力、各种检查评比的压力……我的压力主要是经济压力，工资收入只是维持生活而已，买房、买车、养孩子，只能在还贷中艰难度日。

而小梁老师则表示，除了学校、教学的压力，还有房子的购买，孩子的养育等压力。

在高工作压力下，中小学教师会忽略工作的乐趣、动机、幸福感，从而有较低的工作满意度[1]，进而更容易产生消极情绪，较为被动地面对和解决工作上遇到的问题和事情，导致职业倦怠程度增加。教师在这样高压的环境中执教，如果不去"感化"它，那势必会产生负作用。如何化解工作压力，成了现如今教师的一门必修课。在信息技术飞速发展的今天，作为一名教师必须始终用职业精神鞭策自己，密切关注教育发展动态，及时更新教育观念，积极参加各种培训学习，专注于教育教学技能的提高，不让自己被时代所淘汰。另外，学会进行自我心理调适，预防和减轻工作压力。在教学中，教师应积极探索合适的减压方式，使自己的负面情绪得到充分的释放。如果一味被动地逃避工作，没有一个宣泄的途径，那么，一旦压力积累到一定程度，就会对教师的心理造成不良的影响，从而影响到学生的心理健康。

一、区域间的往返

区域内的人或是物都能影响教师的职业心态。

"近，走路10分钟。当时买房就是为了方便上下班。"

"不远，10分钟的车程。"

"不远，就两三公里。"

采访的三位教师，对于居住地和工作点的描述都不远，开车或走路十分钟左右。教师喜欢在距离学校近的地方买房子，目的就是不想在路上耗费太多时间。

---

[1] 姚振东，凌辉，张建人等.中小学教师工作压力、工作满意度与职业幸福感的关系[J].中国健康心理学杂志，2016，24（08）：1159-1162.

与其说减少耗费在路上的时间,倒不如说享受市区公共资源。目前,区域教育发展并不平衡,但是随着"互联网+"的到来,区域间、城乡间的教育失衡有望获得改善。

近年来,国家坚持把推进义务教育均衡发展作为促进教育公平的重要举措,通过调整优化布局、整合教育资源、加大资金投入等措施,快速推进教育均衡发展。[①]随着云计算技术的快速发展和普及,云服务模式正逐步成为构建教育信息化公共服务平台的一种新思路。利用云计算平台,构建具有丰富内容、门类齐全的中小学优质教学资源,有利于实现优质资源的共享,为广大地区教师提供快速、便捷的学习资源和应用服务。

二、课间是一种"奢侈"

在工作日中,教师不是在上课就是在办公,极少有属于自己的时间,最常见的就是,上完课回到办公室,后面总跟着一到两个学生,不夸张地说:

"连喝口水的时间都是挤出来的。"

"可以让老师喝口水吗?"

即使可以闲聊,学生的学习情况,哪个班哪科完成作业的情况等等是办公室不可避开的话题。

先说工作内容,因为我是班主任,所以每天固定工作,第一个是管班,第二个是备课,第三个是行政,班主任的工作很杂,纪律考勤、安全教育、宿舍管理等,每天基本没什么休闲时间。

小袁老师,"我觉得每天基本没什么休闲时间",更别说有时间提升自己的专业水平。作为班主任,除了上课,课余还去宿舍巡查和考勤,确保学生的安全。

我觉得现在的教师挺"万能"的,每天除了备课、上课、批改作业外,还要做好学生的思想教育、安全管理、数据统计,甚至走进学生宿舍,关

---

① 王静.基于智慧教育云平台的区域教育资源共享建设研究[J].教育现代化,2018,5(22):119-121+149.

心一下学生在校的生活……我们是寄宿学校，每天休闲的时间很少，大概是每天晚上九点半后到十一点半这两个小时（周末除外）。

小旭老师提到"万能教师"，即除完成基本工作，还要做好安全教育、数据统计等等，空闲时间只有在晚上九点半到十一点半这个时间段，也就意味着，小旭老师的空闲时间，只能够处理一些琐碎小事。

我上班时间没有安排休闲时间。我每天都有2—3节课，每周要上三个早上的早读，还要上两天的午托晚托，批改作业，一个学期要听课20节以上，准备公开课和讲座，写论文和做课题等。上班时间能够完成这些，就算不错了。

小敖老师感慨道，上班时间能够完成备课、托管、早读、上课等等，就是很好了，在课间做自己的事情已经成为一种"奢侈"。但是，也不是没有办法，大课间有20—30分钟，可以跟体育老师进行锻炼等。

三、"兴趣"的规划表：教师压力的释放方式

与下面三位老师预约的采访时间都是晚上九点二十分，这对我们来说是提高自我的时间段，而对他们来说是利用兴趣释放压力的时间段。

早读到第一节课这个时间段，我需要巡视校园、校门口、教室或教师办公室；到了大课间时间，大概是半小时，与学生一起运动，希望以饱满的精神面对后面的课；到第二节课，我会到行政办公室了解、跟进和布置相关工作，或者和同事一起完成一些工作；在第三至第四节课时间段，我回到自己办公室，完成自己手头的工作，如若完成差不多，就去巡班或听课。下午第一、第二节，参加科组活动（每天下午都有一个科组活动）；第三节，完成自己手头工作或找个别老师谈心谈工作（思想引领）；放学后有空就运动。

这是小林老师一天的大致安排，其他教师差不多都是这样，利用自己的休闲时间进行兴趣锻炼，以消除一天的疲倦。

我是一名乡镇小学六年级语文教师，因为是毕业班，压力相对较大。六年级毕业班每年都进行毕业统考，成绩要排名，学校领导非常重视排名，

不断给教师施压。

分别来自不同地方的小林老师、小尚老师和小邹老师，虽然地区不一样，但是大家的目的是一样的，就是为了能利用空闲时间，把一天的疲惫刷掉，把工作上的压力除掉。"解铃还须系铃人"，可以从自身出发，借助外物进行放松、解压（见下表）。

心态与释放方式

保持良好的心态	学会换位思考
	培养宽容心
	学会满足
	……
培养属于自己的释放方式	根据兴趣选择文体、娱乐等活动
	找知己朋友倾诉
	旅游
	……

第二节 "随缘"：降低期待的自我麻痹

小花老师是经济发达地区的一名教师，回想起自己的职业生涯，不禁感慨入行 15 年的职业体会：

2007 年 9 月开始教书，至今已有 15 年了。这十几年，日复一日地做着大同小异的事情，只要上班，基本就是早出晚归，一天都在学校呆着，经常长达 11 个小时。回想起这些年，可以用几点来说说我的职业体会。一是工作内容烦琐但不枯燥。如果你要问一位老师今天上班做了什么，她即使认真回想，也没办法细数出来，因为每天做的事情实在太多了。但教师的工作不枯燥，即使是上同样的一节课，也有不同的体验。二是疲惫但要有坚持之心。教师事务实在太多，一天忙碌下来，身体心理都感到很疲惫。你说让老师下班后运动运动，真的很难！因为回到家第一件事情就是休息"续命"。十几年如一日地工作，面对着孩子，处理各种各样的问题，靠的是一颗坚持之心。如果坚持不下来，很容易动摇，想改行。三是有一定的社会地位。在我们这里一个普通小镇区，大部分人都认为教师是一个很体面的工作！听说你是教师，都比较尊重你，对你说话客气很多。在与家长沟通时，大部分家长都比较配合，也乐意听从老师的安排。

"在学校"和"在家"是相对应的两种说法，前者是指教师在学校处理事情，比如处理学生的事情、自己的事情、科组的事情等等，后者是指教师回家后又要处理孩子、配偶的事情以及自己的事情等等。在学校和在家一样，都是拖着疲惫的身子进行工作。但对小花老师来说，想要在这个行业得到发展，一个前提就是坚持。"事情太多"成了教师的一个"坎"，小花老师也深知这一点。事情的多样化以及身心的疲倦感，是教师都要面对的一个很现实的问题，尤其是大家都很重视教育的情况下。

一、教龄因素

教龄在教师这个行业是一个很重要的标志。在学校，随着教龄的增长，除工作强度外，教师对工作各方面的满意度均有所提高。例如，在我们采访的 23 名教师中，有 13 名教师说到自己的教龄，至少一半教师教龄 10 年以上，小敖老师是一个有 23 年教龄的教师。当我们采访的时候，不禁感叹时间的流逝以及岁月的洗礼。当他们到了一定的年龄及教龄，其中一条路是走行政，比如欧阳老师；另外就是继续任专职教师，比如小琳老师。教龄不同，待遇也不一样。

二、门有门规

有一定历史渊源和社会地位的学校，比如市区的学校、百年老校都有属于自己的一套规则，对教师也有一定要求。

风格较简单、端庄，没有短于膝盖的，也没有无袖低胸的，因为考虑到工作的特殊性，面对的是孩子，学校是不允许穿过于暴露的衣服去上班的。

这是欧阳老师的原话，阐述了学校对教师穿衣的隐形要求。而"学校是不允许穿过于暴露的衣服去上班的",成了不成文规则。

休闲、舒服的,不喜欢穿紧身的,身材不好,没什么自信。

而小朱老师,由于身材不大好,不大自信,崇尚以休闲为主。

三、一般教师和"工作狂"教师

我们第一次跟小王老师进行通话的时候,出于礼貌事先打了招呼,我们被他开口的一番"你好"吸引住了,在采访的前半段时间,几乎是我们问一句他回答一句。问到关于办公室氛围以及对于一般教师和"工作狂"教师的一些看法时,这时的他像是变了一个人,把自己心中的想法全说给我们听。

跟办公室的老师、科组的老师相处得还算和谐。当然,我不喜欢学校那种竞争的氛围,总觉得要把人往一处压,压得有点喘不过气来。我们虽然是一名教师,但是我们的生活不能仅仅只是教书,还可以有很多,比如诗、风花雪月和远方,工作不是人生的全部,所以我对"工作狂"教师没有特别的喜欢。

在与小王老师的言谈中发现,他对于办公室氛围以及同事之间关系是持无所谓态度的,没有说是喜欢还是不喜欢。这样的情形恰恰透露出一种态度——"随缘",我不追求你们工作狂的氛围,但是又对得起自己这个教师身份;在做好分内事情的同时,又能追求自己心中的理想生活。

除了一般教师的想法,还有工作狂教师的看法。不仅要追求理想生活,更要让自己在教师行业中有一定地位。珍妮老师对于"工作狂"二字是这样的评价:

以前很享受和工作狂教师相处,变得积极上进。但从今年开始,我特别注意身体健康,关注生活质量,意识到生活并不是只有工作,不是只有工作的成功算是成功。人生是一场长跑。

而小朱老师谈到办公室氛围时,语言上的激动以及脸上的喜悦隐藏不住她对自己办公室氛围的喜欢。她觉得这是自己的一大优点,对教师这份职业有过多的热情与激情。

我们的工作氛围很浓厚，每天每位同事都能够用心地备课、改作业，有时遇到有疑惑的或是需要讨论的，大家还会相互交流，大家属于互帮互助的类型。再者就是我挺喜欢我们学校的竞争氛围，因为有竞争，才会有进步，这也是督促我坚持前进的一部分原因。另外，对于"工作狂"教师，我希望与之交朋友，因为我自己就是"工作狂"，都说"近朱者赤，近墨者黑"，我希望能在他们身上学到我需要的知识。我觉得"工作狂"之所以会是"工作狂"，首先是因为对教育事业的热爱，其次是因为有认真、负责的工作态度。

小朱老师对于"工作狂"是持喜欢之心的，在一个工作场所中能找到与自己性格和处事态度差不多的人，实乃幸事。

正所谓"长江后浪推前浪"，在这个人才济济的社会，时刻要警惕自己是随时会被替代的。无论是一般教师还是"工作狂"教师，能在适当的环境场所中找到适合自己发展的路径与方法，找到自己前进的方向与位置，都是应该的。

四、地位高低

教师地位可以定义为教师职业群体在社会上各种职业群体中所处的位置。说到教师，人们的第一反应就是"羡慕"，羡慕最多的就是教师有寒假暑假。但是，"羡慕"不应只是如此，更应是社会地位、社会声誉、经济收入和政治待遇。然而，教师作为一类特殊群体，既要教书又要育人，争得这份"羡慕"并不容易。

在这样一个社会经济快速发展的年代，竞争日趋激烈，对于这一代的青年而言，既是一次艰难挑战，也是一次绝佳机会。"师者，传道受业解惑也"，教师，是一种高尚的职业，可以教授知识，解决难题。从目前的情况来看，教师的地位已经发生了翻天覆地的变化，抛开工资不谈，光是"教师"这个身份，就足以让人赞叹："当教师真好，工作稳定，还能享受到假期。"在社会发展越来越快背景下，教育受到了更多的关注。

但是，表面风光的他们，虽然在社会上有着"人民教师"的名头，但是在学生父母的眼中就是"高级保姆"。怎么会有这种说法？在日常生活中，教师的工作是非常烦琐的，除了要做好教学外，还要解决学生的生活问题，以及陪学生玩耍等等。正因为如此，很多人认为，教师的工作是容易完成的，这是严重低估了教师的专业性。

一个人当观点与工作不相符时，就会根据意愿处理所做的一切。但是，一旦你决定了，不管你愿不愿意、喜不喜欢，都得知道"干一行爱一行"，让自己快乐起来，不要一味地埋怨。这与社会地位无关，与评价标准有关。

五、"双减"政策变化

"双减"政策出台后，小吴老师在教学方面有了不一样的想法：

教师的工作时间延长，随之而来的是压力不断增大，属于我们的时间减少。对于辅导作业的变化还是能接受的，但是中午管学生睡觉，上午、下午管自己上课，很累。很多家长对学校寄予厚望，但不可能每个学生都学得很好，这给我们带来很大的压力。

小吴老师认为，"双减"政策出台后，教师的工作跟以往有很大的不一样。根据上级要求，减轻中小学学生的作业负担和校外培训负担，但是接踵而至的是，"课后服务"成为教师的额外工作，这是教师工作量增加的原因之一。

小斌老师也有类似的想法。他认为"双减"出台后，班主任的工作量急剧加大了。

"双减"政策落实后，一是学生的睡眠质量提升了，上课比之前精神得多，特别是早读和第一节课，大家的精神很饱满。当然啦，最大的变化是班主任的工作量更加重了。

提到"双减"政策，在一个乡村小学执教的小妹老师是这样说的：

"双减"之于落后的乡村教学，当先进的教育理念遇上落后的教学设施以及不配合的家长，工作起来就缚手缚脚，活动的设计、作业的布置……这将是一个漫长蜕变过程。

"双减"政策出台后，教师可以自由支配的时间明显减少，但是教学轻松了不少，这里面囊括了教师的教学方式、职业心态的变化。

六、课后服务

在"双减"政策背景下，教师合理安排自己的时间，实际是一种对自己和行业的积极改变。

从事课后服务的大多是学科教师，他们大都是被动接受，参与热情和责任认同感亟待提高。由于学校结构性缺编等原因，目前中小学音、体、美等教师比较匮乏，这不利于课后服务多样化。对很多教师来说，课后服务不仅是教师的职责，更是学校的职责。

第三节　人往高处走：让流动合理流动

开发与增加优质教育资源、提供优质教育都需依靠教师流动来实现，即通过双向流动不断地激发其潜能，促进其专业发展，平衡、高效地分配其资源，从而实现其最大价值。[①] 从接受访谈者中，我们了解到教师流动的职业心态主要有以下三方面：一是，来自社会的压力。教师在下班回家后需要辅导自己小孩的困扰，这是教师在工作地方之外的压力表现。另外，在家与校之间长远来回奔波，增加了工作时间成本。二是，来自课间的无奈。如下课之余，教师缺少个人时间与空间，下课回办公室也要处理教学事务，甚至闲聊的内容也是围绕学生的学习、作业情况。三是，降低自我的期待值。一般教师与"工作狂"教师的区别，思考自己与别人的不同，也担心给同事一种不合群的印象。以上这些，虽然是教师流动意向的描述，但更多的也是教师在这种环境下的心态描述，甚至影响了教师的教学与自身成长，相比于被动的流动，教师更多的是要调整自身的心态，提高自己的核心竞争力，更好地发挥自己在社会、学校中的积极价值。

---

① 罗正鹏.新时代中小学教师流动的认识与保障[J].当代教育与文化，2021，13（5）：102-108.

一、外部环境建设：确保福利待遇

（一）加强师德建设

"社会道德风尚"是一种特定的社会规范，它是一种普遍的道德价值观，它渗透到整个社会的各个层面，是社会成员的最直接、最表层的反映。

师德是教师在工作中的基本行为规范，师德是形成良好的师风和师德的重要因素。一个没有良好的职业操守的教师，就会产生一种空虚、动力不足、目标模糊、不良风气等不良现象。而教师健康社会心态的塑造需要良好的师风、师德。[①]加强教师的职业道德教育，是保障教师思想品质的重要保障。要进一步强化教师的职业道德，可以从三个方面着手：一是提高教师的职业道德观念，认识到教师这一职业的重要性；二是规范相关的师德要求，让所有教师都认可并把它当成自己的行为标准；三是加强职业道德建设，建立多方位、多渠道的德育体系，加强纪律、思想、职业责任感，并以警示和典型宣传相结合的方式，让教师自觉遵守职业道德。

（二）改善学校建设

人的主观能动性是人发展的决定性因素，但环境对其发展也具有至关重要的影响，由此可得，学校的环境对教师的心态乃至发展起着关键作用。

第一，加强基础设施建设，比如教学设备、体育设施、实验装备、美术器材等；第二，改善教师居住环境，比如扩大校园绿地，并在宿舍、闲置场地、教学楼等区域进行绿化等；第三，提高设施管理意识，比如定期维护教学设备，经常性地检查各项设施，提高资源利用率。[②]

二、内部环境建设

人文关怀是指"以人为本"，是社会与教师相互尊重的前提。人既是理性的动物，也是感性的动物，人类的一切实践活动均受这两种本能支配，

[①] 闫琛.教师社会心态的失衡与调适 [J].教学与管理，2018（12）：50-52.
[②] 曾文婧，秦玉友.乡村小规模学校办学条件问题分析与建设思路[J].教育科学研究，2018（08）：24-29.

组织管理亦是如此。①要调动科学和教育工作者的积极性，光空讲不行，还要给他们创造条件，切切实实地帮助他们解决一些具体问题。关怀不是空洞的，必然是要投入感情的，教师的流动不仅仅是社会一种普遍存在的现象，也是一种趋势，其中蕴含着社会对教师的关注与关怀。实际上，教师对流动持"无所谓"的心态，但是教师完全可以调整对待流动的心态，促进经济与自身学识的进一步深化。在这个过程中，给予教师人文性关怀，加强内部环境的建设也是必要的。

（一）制度激励

赫茨伯格的"双因素"理论提到，通过激励可以极大地调动人的积极性，如让其在工作中获得快乐、体验到工作的成就感、对其进行赞赏、让其看到前途一片大好等方法去激发教师的斗志。②

2014年教育部、财政部、人社部联合印发《关于推进县（区）域内义务教育学校校长教师交流轮岗的意见》，要求在县区范围内推行义务教育阶段定期轮岗交流，以缩小城乡教育差距，优化教师资源配置。尽快健全教师赴农村特别是贫困边远地区薄弱学校轮岗激励体系，确立外在薪酬激励体系，同时发挥内在薪酬激励功能，可以考虑把教师轮岗作为晋升职称、参评优秀等的条件。

（二）以情动人

第一，与他人保持良好的关系。教师与领导、同事、学生之间的关系是以工作为基础的。教师要在工作中增强团队精神和专业沟通能力，在自己岗位上与别人建立良好的合作关系。而学校管理层则应重视与教师的日常交往，对其职业生涯发展、日常生活等方面给予关注与支持。第二，创造一个良好的人文环境。合理的制度既可以促进教师对学校充满感情，又

---

① 胡国栋，朱阳.组织管理中计算逻辑与情感逻辑的演化规律[J].管理现代化，2014，34（04）：47-49.

② 陈坚，沈燕丽，王涛.双因素理论视角下高校创业教育教师激励策略研究[J].学校党建与思想教育，2016（15）：86-88.

可以激发教师对工作充满热情。比如，对于年老教师，多关心他们的健康；对于青年教师，多关心他们的生活。第三，增强教师参与学校事务程度。让教师在参与、决策中获得责任感、使命感。第四，开展各种文体活动。比如周末野炊，既可以增强集体凝聚力，又增进同事之间的关系，满足大家的交际需要。构建良好的人际关系，才可能降低教师流动率。

三、教师自身建设

教师需要自我发展和自我实现，这表现为教师对自我进步和成长有较强的愿望。"教书育人"的意义，"教书"是教育工作，"育人"是培养人才，而要达到育人的效果就必须搞好教育工作，所以，教师要完成历史赋予的光荣使命，就必须加强自身的建设。①

（一）优化激励机制

激励是指在一定程度上，通过多种外在因素，使之符合自己的需求，使之在标准化轨道上迅速达到预定的目的。教师需要是教师激励的心理基础，教师激励则是教师需要获得满足的正当途径。②科学合理的多元化激励，可以在一定程度上提高教师的工作热情和创造力，从而达到全面激发教师终生学习的基本目的。适时的、适当的激励措施可以有效地激励教师的学习动机，提高他们的学习效率和学习效果。第一，实行物质奖励。教师终生学习的结果应该通过物质奖励来体现，比如把终身学习的成果纳入教师的薪酬体系中，以激励积极学习。第二，进行精神鼓励。对那些坚持学习的教师，可以适当给予奖励，比如发放荣誉证书，增强他们的自觉性和主动性。

---

① 李建新，周礼良，杨放辉等.三湘教师优秀论文选[M].北京：新华出版社，1996：269.

② 周彬，吴志宏，谢旭红.教师需要与教师激励的现状及相关研究[J].教育理论与实践，2000（09）：31-37.

（二）调节工作心态

教师应该尝试多种排解压力途径，合理地宣泄一些负面情绪，以使身心得以放松，有效减少压力对自身的影响。教师如果一味消极回避职业压力，不进行合理释放，内心就会压抑、不开心，甚至崩溃，这就要通过自我调节、系统化改善，比如运动、倾诉、旅游、游戏等；或者，当出现自我难以应对的问题时，应寻求专业的心理援助。教师应从自己做起，磨炼意志，增强抗压能力，既可以减轻自己的压力，又可以为工作、学习奠定基础。

适当的教师流动可以促进区域教育公平，可以平衡教育资源。同时，健全教师的管理体系，建设一支新时代教师队伍，可以更好地促进教育高质量发展。

小　　结

教师在不同的方面重新定义自己，以便调整并维持属于自己的职业心态，在自己能力接受的范围内尽量减少压力、不满、压抑。下图是总结本章阐述的教师心态的平衡表现和降低期待值表现。

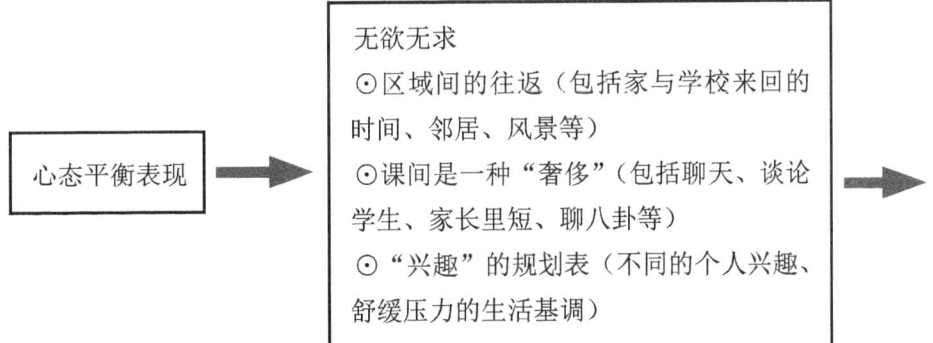

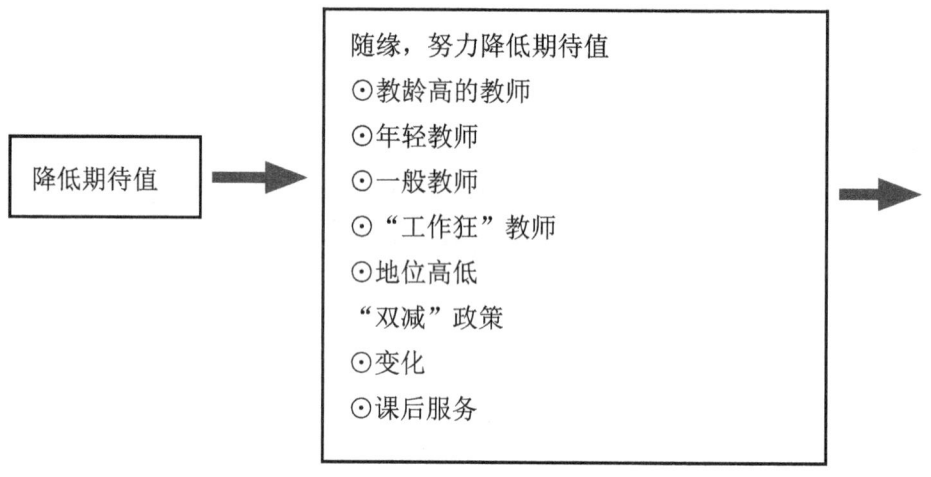

心态平衡与期待值

在复杂社会，教师往往需要为自己的困境和失意找寻方法与方向。既然已经降低期待值，在寻找办法的过程中所做的一切就会显得轻松，在给自己解压和松捆的同时，也是一种自我调节心态，自我成长的能量。

看着一行行采访教师们后整理的文字，我们似乎看到了他们对生活的失望与希望。有希望就代表有向往，在失望中生出涅槃重生般的力量，反反复复，这大概就是很多教师应该调整职业心态的原因吧。

第七章 "伪超脱"：自我获得的另类方式

身负个体发展和社会期待的双重压力，缺乏教育热情，没有积极寻找提升自我的路径；缺乏社会认同，事实价值和心理价值存在巨大差距，甚至连日常教学工作都难以全心全意投入的教师群体，在建设高质量教师教育体系的浪潮中，如何塑造新时代教师形象？教书育人、研究教育是多数教师的选择，但我们接触的这群教师用他们的实际行动挑战了这个"正常化"的选择，可谓是大相径庭。

通过分析他们工作繁重、责任重大以及薪资与社会地位之间差距的话语，我们进一步了解他们的心路历程。抛开社会心态影响这一个普遍的说法，细究他们的自我认知价值、学校管理制度、社会期待，又能使我们理解他们日常生活中的很多做法与选择。他们最大的特点是"自欺欺人"，表面看似什么都不在乎其实很计较。他们以一种消极的方式侵蚀他们的自我发展和提升。问题是，是什么让他们选择自我获得的另类方式？自我获得的另类方式产生的原因是什么？又在什么环境中产生？身为教师的他们在这个过程中怎么进行自我和解？要解决这些问题，就需要讨论追求超脱这个概念。

第一节 低欲望：社会现实问题的规避

一、一直在奋斗

要剖析教师追求"超脱"的社会心态，使其区别于真正意义上的超脱自然，前提是了解"伪"的内在含义。社会环境中与"伪"相关的心态是每个个体在不同环境作用下的选择。为了得到学生的喜爱、上级的青睐，在工作中获取更多的机会，他们会根据他人的要求、社会的期待和自己的专业发展等提升自己的教学能力和工作水平。在实际工作中，有的教师能够以积极的态度不断地提升自己，获得相应的奖励或名声，但是，有的教师看似不计较得失不看重输赢，其实是有意识地回避失败的恐惧。后者被前者影响，为了避免失败和对成绩的漠不关心，这些教师容易将生活与工作割裂，用消极的心态浇灭自己的奋斗热情，用不争不抢的自我解释来回避需要为之付出的努力。

"伪奋斗"是这些教师回避社会现实问题的重要表现之一。学界对此大致有两个方面的研究，一种是"自嗨式伪奋斗"，在看似热火朝天的表象下，埋藏着做无用功的实质，可谓一种自我慰藉式的奋斗；[①]另一种是用精致的利己主义包装起来的"伪奋斗"[②]，前者从消极文化心态层面出发，认为"伪奋斗"背后的消极文化心态，主要体现为偏信社会不公论、阶层固化论，弱化自我价值和责任担当。[③]消极文化心态是一个负能量释放器，向社会源源不断输送着摧毁人们奋斗热情的文化。每个人的社会阶级、社会期待、自身状况不同，但是当其行为和努力达不到预期的成果，即认为自

[①] 项久雨，李平.奋斗不能沉迷于"自嗨""伪奋斗"背后的消极文化心态[J].人民论坛，2018（30）：106-107.

[②] 石国亮."新时代是奋斗者的时代"破除"伪奋斗"的认识和实践误区：如何完整准确地理解艰苦奋斗[J].人民论坛，2018（30）：108-109.

[③] 项久雨，李平.奋斗不能沉迷于"自嗨""伪奋斗"背后的消极文化心态[J].人民论坛，2018（30）：106-107.

身付出与收获不成正比时,他们逐渐放弃最初的理想,用各种借口推脱。消极文化心态影响着教师对自身身份实践的认知价值。比如,当教师感受着社会上错误的社会阶级固化论、社会不公论等外在影响,又承受着工作任务繁重而晋升机会渺茫的内在压力,他们不能正视自身的缺点,又无法摆脱社会消极文化的枷锁,更不愿意再付出努力学得一技之长,而逐渐向"伪奋斗"屈服,以顺其自然的借口,守着自己的方寸舒适圈,过着不思进取的生活。

二、追求"超脱"

追求"超脱"是影响教师不良社会心态形成的重要原因之一。要想剖析教师追求"超脱"的社会心态,首先要从理解超脱的概念讲起。超脱观念的产生,与中国传统文化中道家"隐逸"生存方法有着千丝万缕的联系。[1] 此外,朱光潜先生在《消除烦恼与超脱现实》一文中对超脱的概念进行了阐释:"烦闷生于不能调和理想和现实的冲突",但倘若一个人"他的精神能够超脱现实",那么就可以"超脱现实在精神界求慰安",寻求精神超脱的目的在于"养精蓄锐,为征服环境的预备"以及"消愁遣闷,把乐观、热心、毅力都保持住,不让环境征服"[2]。也就是说,超越是由于个人无法调和现实世界的矛盾与困境而选择在精神世界中寻求排解的渠道,精神世界相对于现实世界而言没有过多的自由限制,因此可以在其他事情中实现现实难以达到的目标。比如,朱光潜通过艺术"一方面给心灵以自由活动的机会,一方面又不为实用的目的所扰"。另外,消极的超脱也可以说是追求超脱,追求超脱与超脱既有联系,又有区别,其最大的区别在于,积极的超脱是通过精神世界寻找安慰剂;而消极的超脱,即追求超脱则是逃避现实,是个体面对现实困境时所呈现的消极应对,包括其对生活的态度、对工作的热情等。比如,对待生活的无欲无求和消极对待,以及面对工作

---

[1] 李国显,夏洁."超脱思想"对朱光潜美学体系的影响[J].四川戏剧,2007(03):119-120.

[2] 朱光潜.朱光潜全集[M].第8卷.合肥:安徽教育出版社,1993:89-95.

时的敷衍了事和不思进取，这也是学者罗刚淮所提及的"佛系青年"现象。①

追求超脱多数时候以超脱的消极方面出现、以边缘化为线索。在之前的研究中，学者对伪超脱的关注点皆集中在个人内心的追求超脱，从而深度剖析社会环境与个体怀才不遇的遭遇。朱光潜将超脱的目的和作用分为积极和消极两个方面："就积极方面说，超脱现实，就是养精蓄锐，为征服环境的预备。就消极方面说，超脱现实，就是消愁遣闷，把乐观、热心、毅力都保持住，不让环境征服。"②学者雷达也提出超脱的消极方面：消极超脱借"超脱"之名压制正当的个人欲望，用吃亏是福、忍字为上之类的麻药使人昏沉，好让旧秩序和强盗们大摇大摆地通过。③这一论点关注到了消极超脱，既追求超脱对个体正当欲望的压制，更强调了现实与理想的郁郁不得志从而导致的个体被动选择的超脱。而李云吾、丁琬琰等学者则从学校内部中的三类教师、城乡接合部学校、边远山区学校这三个角度，明确使用边缘化一词，他们着重从教师地位以及地域分布来讨论边缘化教师的形成原因及其分布特点。④黄梦颖从教师角色边缘化的角度，从社会根源、学校层面以及教师自身三个维度分析了教师角色边缘化现象的产生原因。她提出了教师社会资本量这一观点，即教师入职后的晋升、惩罚、奖赏和解聘等切身利益往往与一个人拥有的社会资本量有关，而社会资本量取决于他可以有效调动的关系网络的规模，也取决于与这些网络相关联的各种人拥有的（经济、文化、符号）资本的数量。⑤同时，她重点分析了领导层教师与普通教师、主科教师与副科教师、女性教师与男性教师这三类角色，以此来阐述那些默默无闻地级安守本分地做本职工作的教师是如何遭受排

---

① 罗刚淮. 教师当告别"佛系"[J]. 教学与管理，2020（05）：76.
② 朱光潜. 朱光潜全集[M]. 第8卷. 合肥：安徽教育出版社，1993：95.
③ 雷达. 论超脱[J]. 文史月刊，2008（10）：50.
④ 李云吾，丁琬琰. 边缘化教师现象与教师专业发展[J]. 教育理论与实践，2009，29（05）：43-44.
⑤ 黄梦颖. 教师角色边缘化现象研究[D]. 武汉：湖北大学，2015：26.

第七章 "伪超脱"：自我获得的另类方式

挤而淡出核心圈，从而失去自主发展的动力的。[①]她的研究与本书的研究接替到了社会环境对教师社会心态产生的影响，但是她从教师社会资本量这一角度深挖教师角色边缘化的社会根源，这为本书研究"伪超脱"教师社会心态产生的影响提供了新的研究角度，再结合本书的观点，丰富和完善了教师追求超脱社会心态的概念，使读者对追求超脱的概念与形成原因有了更清晰和更深入的了解。

到目前为止，学者对追求超脱社会心态的影响因素的讨论都离不开这两个角度：一是社会排斥理论[②]，二是价值感的矛盾与冲突。[③]无论是哪一个角度，都离不开"伪"的实践，通过伪奋斗等自欺欺人的方式，表现出对现实社会问题的规避。在学者丁开杰从社会排斥理论的论述中，我们可以研究教师追求超脱社会心态的理论根源。他认为，社会排斥使一些个体因为贫困或缺乏基本能力和终身学习机会，或者因为歧视而无法完全参与社会，处于社会边缘的过程。这个过程使得这些个体很少获得工作、收入、教育和培训的机会，无法参与社会和共同体网络以及活动。[④]由此可见，社会排斥是源于社会群体权力分配不均衡的现象，当一方掌握主要权力，那么必定对与自己对立的一方进行压制和排斥。在我国的教师行业中，一线教师往往不是掌握主要权力的一方，教师专业发展的权利掌握在学校行政管理层面，教师的切身利益掌握在学校管理人员手中。另外，相较于传统教师职业具有的神圣性而言，市场经济社会快速发展的今天，虽仍有不少人心中持着教书育人的信念，但不乏将教师这一职业当成谋生的手段，因此他们会更加关注教师的既得利益。此外，传统尊师重道的观念在现今社会受到冲击，家长普遍接受过良好的教育，他们的教育经历以及学历水平高于教师的不在少数（尤以幼儿园教师和小学教师为甚），因此，家长对于

[①] 黄梦颖.教师角色边缘化现象研究[D].长沙：湖北大学，2015：26-27.
[②] 丁开杰.西方社会排斥理论：四个基本问题[J].国外理论动态，2009（10）：36-41.
[③] 金春寒，叶勇.价值感的矛盾与冲突：高校教师职业倦怠心理溯源[J].思想教育研究，2017（01）：92-96.
[④] 丁开杰.西方社会排斥理论：四个基本问题[J].国外理论动态，2009（10）：36-41.

孩子的教育也有一套教育理念，当家长的教育理念与教师的教育理念发生冲突时，家长与教师之间的矛盾便开始了。

而价值感的矛盾与冲突则从教师自我价值感层面更好地阐释了教师追求超脱社会心态的心理根源，例如教师在职业实践过程中所付出的实践与教师实际获得的利益在教师心理预期存在的巨大落差，而他们又无力扭转这一局面，那么教师自我价值感的降低导致他们产生职业倦怠，从而慢慢趋向追求超脱的社会心态。马斯洛需要层次理论认为，自我实现的需要其含义是个人的"潜力得以实现的倾向。这种倾向可以说成是一个人越来越成为独特的那个人，成为他能够成为的一切"[1]。学者隋洁等对其内涵要点进行了概括，即内发性——个体在不需要太多外部环境和条件的制约下也会有强烈的自我发展意识和动力，能客观清楚地认识到自己发展条件并坚定不移地朝着目标前进。成就感——主要指个体在自己热爱的工作中通过积极不断的努力享受到成功带来的积极情绪，这是在自我实现需要中最重要的体验，马斯洛称之为"高峰体验"。[2] 但是在社会发展教师职业压力的冲击下，如果教师现实目标和精神目标得不到实现，即教师无法从职业中获得自我实现的需求，那么就会导致教师内在价值感的冲突。[3] 当教师内在价值感的冲突不断恶化，追求超脱的社会心态就成为教师的必然。近几年，学者的讨论逐步建立起一个完整的关于教师社会心态伪奋斗、追求超脱的理论体系。在此基础上，我们以广东省不同地区教师的教育实践回应教师社会心态追求超脱的作用、价值观念、角色实践三个问题。第一，关于追求超脱的作用，朱光潜和雷达都从社会和个人层面进行了解读，都提及了各人的内心世界和现实社会环境的影响这两个方面，但是本书更强调从个人的自我获得方式这一方面，以更好地阐述追求超脱中"伪"的真正含义

---

[1] 马斯洛.动机与人格[M].北京：华夏出版社，1987：53-106.
[2] 隋洁，赵明月，齐娜.托育教师专业自主发展的实践路径：基于马斯洛自我实现需要层次理论[J].公关世界，2022（12）：78-80.
[3] 金春寒，叶勇.价值感的矛盾与冲突：高校教师职业倦怠心理溯源[J].思想教育研究，2017（01）：92-96.

及其产生的原因。这也对前文的访谈和调查结果进行总结。第二，学者的研究都关注到了教师社会心态伪超脱的价值观，但是没有系统地从根源上阐述这种社会心态是如何从教师心中产生的，它的历程如何演变，在这过程中教师的内心发生了什么变化等问题，而这些都与教师的角色实践过程有关。教师的角色实践相较于以前发生了巨大的变化，现代社会对于教师的社会功能的要求不断增加，追求超脱在这样的时代背景下呈现出不同的解读角度。现有的文献在角色实践历程上没有系统、完整的论述，但这又是我们研究教师产生伪超脱的社会心态不可忽视的维度，因此在本书的前文花费大量笔墨，借助具体的教师例子，帮助我们更好地回应教师追求超脱社会心态的产生历程。第三，我们用追求超脱的外延进一步完善本书的社会心态理论框架：追求超脱是造成教师社会心态消极化的原因，这虽是教师自己的选择，但它未必是教师主动选择的，更多的是教师无法挣破教师职业及其身份实践的困境而被动地选择的妥协。

三、价值与实现

教师是向学生传递人类科学知识和进行思想品德教育，把他们培养成一定社会需要的人才的专业人员。随着时代的发展和演变，教师"传道授业解惑"的基本职责已经不能满足当代社会的要求。教师不仅要传授知识，还要培养和发展受教育者的智力和能力，对他们的成长进行全面指导；同时对社会团体、学生家庭成员有联络、辅导、咨询和服务的责任，成为社会民主化和教育社会化的积极力量，受到承认和尊重。在多种因素影响下，社会对教师的刻板印象愈加深刻。教师进入职场，面对学生、学校、社会等多方面的压力，教师的工作不再局限于教学，还有琐碎的日常工作以及与教学无多大关系但又占据大量时间的额外工作，因此想两耳不闻窗外事地教好书、上好课，是难以得到晋升途径的。而选择另类方式的教师给了自己一个喘息的机会，但这对于大多数教师而言并非是很好的选择。成为另类教师，也成为他们自我保护的一种途径。在职场中，与主流教师相反的另类教师，逃避现实中存在的种种问题并不是主动选择，而是受到环境影响。教育行业竞争日趋激烈,社会对教师的要求不断提高,教师担负的责任逐渐加重,而与之相反的是,教师的晋升途径和方式不断变窄。从学校、家庭到社会,教师还需要面临家庭和社会的双重压力,在社会中处于弱势地位,他们无力改变现有的困境,不得已被动地选择另类的自我获得方式,以消极的行为来寻求暂时的心理慰藉。

但追求超脱对于教师而言也不是从一开始就有的,他们被动选择时,或许也曾因为背离了作为教师的初心而感到矛盾、愧疚。卡茨认为一个人所形成的态度或者改变态度是为了进行自我防御,保持自我内部的协调性。闫琛认为在市场经济的双重效应下,使教师的取向更加层次化和多元化,在市场经济竞争性和利益性的影响下,对教师的价值观也造成了比较深刻的影响。[①]同理,在经济高速发展背景下,阶层因素不可被忽视,教师实现自我价值获取高额薪资的欲望与现实的差距往往成为压垮骆驼的最后一根稻草,在社会强加给教师的诸多限制的情况下,教师获得的资源和机会得不到满足,加剧了消极心态的产生。换而言之,在教师中价值追求、选择可能更直接地受到政治、经济、文化等方面的影响。本章总结了四个方面的教师自我价值,分别是教学与教育的实践、专业化成长和发展、学生关怀和人际关系、竞争意识的薄弱。这些自我价值的漠视是了解教师另类自我获得的方式和途径。

(一)教学与教育的实践

教学是教师最为重要的职责,包括备课或制作课件、课堂教学、课后辅导、教学评价、专业理论学习和教学研究等。此类教师一般不太注重教学工作效果如何,只求教学工作不出差错。教学工作是教师最基本的工作之一,也是评价教师教学能力的基本依据。《关于深化中小学教师职称制度改革的指导意见》提出要充分考虑教书育人工作的专业性、实践性、长期性,坚持育人为本、德育为先,注重师德养成、师风正气,切实改变过分强调论文、学历的倾向,引导教师立德树人、爱岗敬业、积极进取,不断

---

① 闫琛.教师社会心态的失衡与调适[J].教学与管理,2018(12):50-52.

提高教育能力和水平。

此类教师的教学工作并没有太多的错处，大多存在不适应的情况，比如有的教师通常从网站下载课件直接上课，忽视了课件与实际教学的适配性；有的教师的课件一用就是数年，忽视了根据不同班级或学生进行更新。这类教师对于本职工作一般不会推脱，但是也不会"多管闲事"，比如参加教学工作以外的教学竞赛或者业务培训，即使这些看似多余的工作可以提升教师的教学能力，帮助教师更好地适应时代发展，促进教师的专业成长，于他们而言，也不多做一丝一毫，"淡泊名利"和"无欲无求"是他们给自己的标签。

（二）专业化成长和发展

自20世纪80年代以来，世界各国加快了教师专业发展的脚步，对教师专业发展提出了不同的建设标准和建设目标。教师专业发展包括职前培养和在职培训，这意味着教师专业发展要树立终身学习的观念。但是部分教师满足于现状，对专业发展不甚关心，固守着自己的一隅之地。从前文对教师的采访以及整理中，我们不难发现，教师更愿意依靠自己的经验进行教学，而不是打破现状迎接挑战，实现更进一步的发展。

不同的时代对教师的专业发展提出了不同的要求，而不同年龄段有着不同教学经验和经历的教师，对专业发展有着不同的理解和表现。年长的、年轻的，教学经验丰富的、教学经验欠缺的等，都从教学环境中积累了关于专业发展的认识和理解，并形成了与时代要求不同的专业发展价值观。在时代发展的浪潮中，他们没有顺势向前，而是选择留在原地，以"一切随缘"的消极心态面对发展的浪潮。

信息技术的发展以及在教学方面的运用，颠覆了传统教学手段和教学方式。随着素质教育的深入发展，教师角色悄然发生变化：教师引导学生自主的教学模式逐渐打破传统教师"满堂灌"的教学模式。多元的教育方式和多样化的教学手段，给了教师便利的同时，也冲击着教师的传统教学理念，给他们带来更大的挑战。教师要适应时代要求，不仅需要长期的实践，更需要在实践过程中不断学习、不断反思、不断创新。

教师专业发展是教师获得职业幸福感以及实现其自我价值的重要途径，但是由于薪资低、晋升难，管理制度、评价制度欠完善，以及教师自身性格和职业操守等因素，这类教师呈现出较弱的专业发展倾向。

（三）学生关怀和人际关系

教师在生活和工作中接触最多的就是学生。让·贝克认为不良的师生关系会使学生对学校产生消极的情绪体验，表现出交往退缩或攻击性行为[1]，由此可见师生之间良好关系的重要性。学生对教师在一定程度上具有向师性和依赖性，渴望得到教师的认可与鼓励。但是教师在社会中承担多重身份，社会不同群体，如家长、学校领导对教师角色的期待不同，"没有学不会的学生，只有教不好的老师"等有失偏颇的社会期待，以及青春期学生与教师之间的对抗、家长对教师的高要求，无形中增加了教师角色的压力，导致教师疲于经营师生间的关系。

靳娟娟等提出教师在学校、社会等各种群体活动中，必须有意识地按照角色期望训练自己的角色行为。[2] 他们讨论的是教师角色与教师心理健康的问题，从教师角色认知、角色规范、角色期望以及角色冲突等方面分析教师可能出现的情绪情感、人格异常、人际关系以及职业倦怠等问题的特点及成因。一方面教师承受着巨大的社会压力，另一方面教师的压力无处宣泄，导致人际关系恶化。他们为了避免外界给予的对于教师角色过度的期待，往往表现出"公事公办，私事勿扰"的态度，除了日常的教学工作，即上好自己的课以外，教师忽视了对学生的关心及与同事之间的交往。对于非主流的另类教师而言，处理复杂的人际关系是一件费时费力的事情，他们不仅要应付繁重的教学工作，同时要在学生和同事面前表现出亲切感和耐心，除此之外，还要面对家长不限时间不限地点的对孩子的询问和教

---

[1] BAKER J A.Contributions of teacher child relationships to positive school adjustment during elementary school[J].Journal of School Psychology，2006，44（3）：211-229.

[2] 靳娟娟，俞国良.教师心理健康问题与调适：角色理论视角的考量[J].教师教育研究，2021，33（06）：45-51.

师工作的质疑。在这个过程中，教师不断地承担不同层面的压力，而自己的情绪无法排解。靳娟娟等论述了情绪"外化"和"内化"两种类型的教师。前者是在与他人交流时倾向于表达自己的不满，发泄自己的情绪，或表现出攻击性，以至于无法听取他人的劝告或建议；后者是尽可能避免与他人接触，交往退缩，内心更加封闭。[1]因此，为了逃避社会给予教师角色的期待，这类教师往往在人际交往方面产生抵触心理，无视身边人际关系的经营。

本书采访的受访者远未达到对待人际关系游刃有余的状态，再加上长期的工作压力和过高的社会期待，他们还不能将负面情绪转化为自我提升的动力，然而，他们的"漠不关心"也并非是情感的宣泄。

（四）竞争意识的薄弱

在我们的受访者中不乏刚入职不久或是工作四五年的青年教师，对于入职已久的年长教师而言，他们是有着无限活力和精力的"后浪"。但是，他们的言行举止比年长教师显得更为缺乏热情。职场的巨大失落使他们对职业和角色有了新的理解，在面对多重压力下建立了新的选择，即对待工作无欲无求，对待人际关系不主动维护，对待竞争的机会不争不抢。漠视专业发展，忽视教育情怀，轻视人际经营，我们谓之"伪价值"，这些都与竞争意识薄弱有关。

当"伪价值"堆积到一定程度，教师就会逐渐追求超脱的心态，心安理得地逃避社会现实问题，以掩耳盗铃式的个体认同获得另类的自我实现。具体而言，这类教师面对需要通过激烈竞争才能获得机会的事情害怕参与，比如教学竞赛、职称评审、先进评选等。他们游离于各类竞争活动之外，从未想过通过竞争实现自身的发展和提升，或是获得学生的爱戴、同事的尊重和领导的认可，他们对他人的评价不屑一顾，没有向更高处迈进的觉悟。这类教师在职场中并没有得到大家的认可，如教学水平、教师

---

[1] 靳娟娟，俞国良.教师心理健康问题与调适：角色理论视角的考量[J].教师教育研究，2021，33（06）：45-51.

角色期待等。通过追求超脱的心态，他们能够在现实社会中为自己的消极行为找到借口，比如从竞争中选择退出，无视专业成长的需要。总的来说，通过"伪价值"观念的错误引导和追求超脱心态的自我安慰，这类教师获得了短暂的逃避。从表面上看，他们不争不抢，淡泊名利，甘于现状，似乎同古代圣贤脱尘脱俗、无欲无求的追求相符合，享受着快节奏生活社会中唯一的宁静，实际上与真正的看破红尘的圣贤智慧大相径庭。向往的世界与现实的世界严重对立，难以接受这种巨大落差而选择逃避与妥协，这不是他们获得真正意义的自我发展和自我获得。《关于全面深化新时代教师队伍建设改革的意见》《新时代基础教育强师计划》《教师教育振兴行动计划（2018—2022年）》等政策表明，不顺应主流的教师将在教育改革的浪潮中失去立足之地。

从微观层面上看，不同区域的教师表现出不同的消极心态与消极行为，但从更广泛的意义上来讲，他们仍受到个人、社会、制度等方面的局限，只能通过自身的"无为"和"伪洒脱"来排解各方的压力，在较小的空间内取得生存空间。

他们的"抗争"也不是一直坚持的，往往随着外部环境的变化而受到冲击，难以获得真正意义的自我价值；另外，由于过于另类，他们常常难以融入正常的交际圈，长久以来都是以一己之力对抗大众。他们不主动寻求集体的认同感，生活于职场"灰色"领域，与他人的关系十分松散。但是，在另类的选择中，另类的心态并非是这些教师的主动选择，而是社会、经济、文化、制度等一系列因素影响的结果，这突出了他们"不思进取""不争不抢""随波逐流"的刻板印象，这使他们在职场中变得更加尴尬。相较于普通教师，这些教师放弃了很多发展机会和平台，以及可利用的资源。

相较于整个教师群体而言，这些另类教师对于自己的职业生涯没有明确的规划和目标，对于未来应该怎么样没有明确的想法和行动。教师生涯对他们而言是一场枯燥的、重复的旅途，他们往往因为在旅途中不断地重复同一件事情看同一片风景而感到倦怠，因此他们的奋斗热情以及豪言壮志被消磨，只剩下固守一隅的不思进取。

他们希望通过追求超脱的心态来实现另类的自我获得方式，但这样的方式还是难以满足个体内心对成就感和责任感的需求，因此不存在真正意义上的超脱自然、无欲无求的状态。从这个意义上来说，追求超脱是一把双刃剑，为他们找到合理的借口逃避现实的同时，也将他们与一般的教师异化，置于尴尬的境地之中。

第二节 低姿态：掩耳盗铃式的个体认同

一、边缘性身份与追求超脱的利益损害

在教育行业中，这些另类教师身负个体生存和社会期待的双重压力，无法排解现实生活诸多困境，而选择了以"伪奋斗"回避社会现实，以"伪超脱"的社会心态面对工作，但是他们不甚在意，这源于他们通过这样的方式可以暂时获得一定的慰藉。虽然这样的社会心态并不利于他们的工作与生活，对他们能力的提升与职业的成长更没有好处，但是这些教师不愿正视自身的缺点，不愿摆脱社会消极文化的枷锁，不愿付出努力学得一技之长，更不愿改变消极的心态，只能以掩耳盗铃的方式获得自我认同，被动地选择躺平也被动地成为边缘教师。这些另类教师的这一选择，使他们逐渐远离工作核心圈。然而，这些另类教师选择躺平和以消极的心态对待教学工作，并不意味着他们完全放弃或者脱离了教学工作圈子，而是更多以边缘性身份参与原有的教学活动。

追求超脱，让教师寻求到了排解现实矛盾与困境的渠道，但是遭遇到家长、学生的抱怨，领导、同事的冷落以及社会的排斥，因此他们的专业成长受到阻碍，无法得到提升，当然，他们的晋升渠道、薪资奖赏等切身利益也受到影响，相对于其他教师缺少了同等机会。

对于那些领导层教师、骨干教师、主科教师这类能够得到领导赏识、发展机会更大、获得的奖赏更具有倾向性，能够积累更多社会资本量的主

流教师[1]来说，另类教师面对学校教育资源分配存在不公平的现象，以无所谓、不在意的心态进行虚假的自我安慰。此外，他们远离核心圈层，放弃自我专业发展的机会，只求能够无差无错做好分内工作即可。以追求超脱的心态对待专业成长，以一种虚假的"自我安慰"规避失败。例如，不求上进和教育观念固化，不求教学出彩只求不出差错。又如，害怕失败而主动地放弃参加教学竞赛或其他提升机会等等。如果能够主动更新教学理念，敢于进行教学改革，积极参与教学活动，即使没有获得名次，也可以从中获得提升，也可以获得同事认同，但是他们一味固执己见、随遇而安，最后落后于人，远离教育核心圈。他们处于边缘地位，付出的努力得不到领导关注、同事的认可、学生的尊重，追求超脱是他们寻求自我安慰的唯一途径，于是"超脱"被他们赋予了非常重要的地位。其实，对于他们而言，追求超脱的社会心态既是客观环境造成的导火索，也是他们主观自我放弃的表现。

二、教师角色实践

在个人身份认同上造就的得过且过与自欺欺人，逐渐代替通过努力奋斗获得专业发展和专业认同的职业热情。本书将这几种与教师另类自我认同相关的"伪价值"称为教师角色实践，这些实践发生在日常教学工作中，与他人（领导、同事、家长、学生）的交往互动中，以及与个人的专业发展中，反映了他们既无勇气面对现实的困境但是又渴望得到认可和肯定的矛盾心理，他们通过消极的心态和无所作为的行为表现了不同的教师形象，表达了自己的矛盾与挣扎。很多时候，教师并不是入职之初就选择躺平，也并非一开始就以追求超脱的社会心态对待自己的职业，大部分教师即使将教师职业作为一种生存途径，在入行之初也有着一定的教育情怀。只不过，面临教师社会地位受到冲击、教师工作受到质疑和社会消极文化影响，他们的价值观念才发生了变化。追求超脱的社会心态不是一个自主主动选

---

[1] 黄梦颖.教师角色边缘化现象研究[D].武汉：湖北大学，2015：26.

择的结果，它的产生和影响都是潜移默化的。

另类教师以追求超脱的社会心态获得了暂时的自欺欺人的安慰，无论是现实上的，或者精神上的，还是情感上的，都对他们的自身感受产生重要影响。他们缺乏专业发展的机会，但是不会违背教师的职业道德而失去生存的途径；他们无法融入主流教师的核心圈，在边缘上游走，但是也不会真正地脱离整个群体而特立独行；他们无力改变现实存在的困境，扭转自己的地位，但是以消极的态度进行着无声的反抗和挣扎。如此看来，其实都关乎教师的角色形象与个人自尊，他们并非想要站在所有人的对立面而成为一个愤世嫉俗或是标新立异的人，以此获得社会的注目，而是想要通过另类方式寻找自我获得的力量。本章提及教师社会心态有关的"伪"，包括伪奋斗热情、追求超脱的社会心态、伪价值观等，这些并非是教师主动的、自愿的选择，他们也有过挣扎，这也是一些教师以自己独特的方式反抗无奈以及寻求自我认同。

第三节 直面教学生活世界

我们从社会期待、学校管理以及教师个体等层面深入剖析教师另类自我获得产生的原因、环境以及表现等，也明晰了边缘化教师以及教师"伪超脱"心态给工作带来的消极作用。面对这个复杂的教学生活世界，教师将何去何从？

一、健全机制，提供基础保障

（一）培养制度需完善

应试教育不仅让课堂成为知识灌输的场所，让学生成为知识的被动接受者，也让教师成为被动的知识传递者。"灌输式""填鸭式"教育方式的产生与运用也离不开应试教育的影响，这也造就了工作多年拥有一定教学经验的老教师忽视教育理念的更新，仅凭教学经验进行教学，在新课改施行后难以跟上时代的步伐，落后于教育的发展，逐渐走向边缘化。若想规避教师边缘化现象的产生，制定和完善教师再教育的培训制度迫在眉睫。

职后培训是教师促进自身发展的主要方式之一，教师年龄、职称、学科的不同，对于培训的需求也是不同的，这就需要有的放矢。如青年教师和中老年教师，普通教师和骨干教师，副科教师和主科教师，他们之间的教学经验和教育认知不尽相同，教学水平和教学能力不尽相同，所扮演的角色和压力也不相同，如果按统一标准进行培训，自然难以看出效果。因此，教师培训亟须分层次分等级的具有针对性的培训制度。不仅要扩大教师培训的覆盖面，让每一位教师都有参加培训、提升自己教育能力的机会；同时，完善教师培训的分级制度，明确教师培训的目的、方式、途径等。只有完善的规章制度，才能让教师培训更加规范化、科学化，教师培训才能取得预期成效。

（二）社会风气需端正

"教师是人类灵魂的工程师。"社会对教师是尊敬的，也抱有期待。随着社会经济的不断发展，人们对教师的期待也日益提高，然而这种期待是建立于忽视教师作为常人的需求、无限扩大教师责任边界的基础上。教师常常承受巨大压力，奋斗热情从何而来？

首先，完善法律法规，厘定教师的职责范围。必须明确的一点是，教育学生与教师有关，更与家长、与社会有关；教育学生不仅是教师的责任，更是家长、社会的责任。其次，父母是孩子的第一任老师，父母的言传身教对孩子潜移默化的影响比学校教育更为重要，家长应承担家庭教育的责任，配合教师做好工作。最后，降低对教师不切实际的期待，教师的身心健康、教育权力和教育威严需要社会维护。

（三）教师薪资需改善

教师是一项职业，也是一种谋生的手段；教师是"传道受业解惑"者，也是生活在现实环境中的社会人，他们所从事的教育活动首先必须要满足自身生存的需要。因而，创造一定的生存条件是教师从事劳动的基本要求。①马斯洛需要层次理论将满足生理需求放在第一位，因此追求合理的薪资，渴望获取物质的享受，是由社会和个体需要所决定的，这既不是功利主义，更不是拜金主义，而是现实的需求，教师最基本的保障。

与其他行业相比，教师工作量大、工作时间长，但是社会地位不高，薪资排列较后。教师的付出与收获存在较大差距，一边承担着繁重的教学压力，另一边承担着琐碎的生活压力，如此重高压之下，教师如何专心工作，价值如何实现，幸福感从何而来？教师产生职业倦怠、产生"佛系心理""伪超脱"心态也就不足为奇了。因此，针对教师的表现、教龄、职称、地区等确定不同的薪资水平，满足教师最基本的生存需求，让教师把更多精力放在教书育人上，把更多时间放在追求专业发展上，教学的效果自然会提高。

二、优化管理，创设良好环境

（一）修正管理机制，重视教师需求

有学者指出，不少学校管理的价值取向存在偏差，把维护学校发展的正常秩序作为出发点，把对教师的控制作为立足点，过分强调教师的义务，反而对彰显教师权利、维护教师的合法权益重视不够。②学校管理制度侧重学校秩序、教师管控等操作层面，而忽视教师人文关怀等层面，治理效果令人担忧。

管理者不应忽视教师的身心健康发展以及情感需求。"以人为本"的管理理念要求管理者在制定管理制度时应增强教师的归属感、认同感。此外，为上级与下级提供沟通管道，以便交流、反馈，营造和谐环境。

（二）搭建交流平台，实现团队互助

教育家马卡连柯认为，应该有这样的教师：有共同的见解，有共同的

---

① 李剑. 教师专业发展"边缘化"及其诉求[J]. 教育理论与实践，2013，33（11）：30-32.

② 程少波. 中小学教师社会心态现状及其调适对策研究[D]. 武汉：华中师范大学，2020.

信念，彼此间相互帮助，彼此没有猜忌，不追求学生对个人的爱戴，只有这样的集体，才能够教育儿童。在现实社会中，任何人都与他人存在或远或近的社会关系，没有人能够脱离社会群体而独立存在，一个与世隔绝的人就相当于脱离了群体的核心圈，于教师而言，就意味着被边缘化。在学校这个大家庭中，教师最直接、最密切的社会关系，就是与同事之间的人际关系。同事之间既是相互竞争的对手，也是共同进步的朋友。如何帮助被边缘化的教师再次进入核心发展圈，激发边缘教师的奋斗热情和教育激情，重要的一点是让"边缘教师"重新融入集体，一起交流、一起学习、一起进步。

具体来说，学校通过如师徒结对、一对一帮扶、三人研修团队、集体教学研修等形式，为教师创建合作交流的机会和平台，促进教师之间互相往来。比如青年教师普遍具有教育热情，但是教育经验不足；而中老年教师教育经验丰富，但是教育理论知识陈旧，后续发展动力不足。学校可通过师徒结对的方式使二者结合起来，充分发挥青年教师和中老年教师各自的长处，补足两者之间的缺漏，双方互为师傅和徒弟，在学习、教育过程中促进专业共同成长。

（三）重视校本研修，促进教师成长

教师消极社会心态表现之一即为竞争意识薄弱，表面是无欲无求、随遇而安的超然心态，实际是不思进取。一流的学校成就一流的教师。如果学校不重视教师队伍建设，那么教师将逐渐放弃自我提高的追求。而校本研修既能整合教师内部资源，又能促进教师积极发展。

校本研修侧重解决在教育实践活动中遇到的问题，因此，不管是核心圈教师还是"边缘化教师"都有机会提出问题、发表意见，不仅实现资源共享，而且可以温习旧知识，内化新理论，从而达到促进专业成长的目的。

三、认识自我,实现教师价值

(一)正确认识角色定位,坚定职业信念

传道授业解惑是教师,循循善诱是教师,诲人不倦是教师。从古至今,人们对于教师的定位不仅是知识的传输者这么简单,还要教育学生为人处世,学会做人。教师对自身角色的认同、对教师职业的信念以及对教师价值的追求等,直接决定了教师的自我定位。

信念是个体对于人,自然和社会的基本认识、理解,具有原初性和根本性,是人们认识世界和改造世界的精神支柱,是激励人们按照自己的理念进行活动、创造未来的心理动力,而教育信念是教师专业素质的核心要素之一。[①] 作为一名人民教师,必须树立正确的人生观、价值观和世界观,明确自己作为教师的责任和义务。首先,教师要明确教书育人的基本职责。教书育人是教师的职责所在,更是实现自我价值的所在,教书是基础,育人是关键。在向学生传授专业知识的同时,更要关注到学生良好品行的培养,引导学生寻找生命的意义,实现人生追求;促进学生综合素质全面提高,不能以成绩的高低作为评判学生能力的标准。其次,树立正确的教育观和学生观。关注学生的个体差异,针对学生的学习水平和性格特点做到因材施教,让每一位学生都能得到发展。最后,在学习与教育中实现人生价值。教师的幸福感和成就感主要来自学生的进步、家长的认可和领导的赏识,而这都与教师自身的专业发展有关。在学习中不断地提高专业能力,在教育中不断提高专业素养,更好地实现人生价值。

(二)辩证看待角色期待,承担教师责任

教师角色和教师的社会身份、社会期望与行为规范密不可分,这种角色要求教师能够在相应的场所扮演相应的角色,不单单指学校环境,还包括社会环境与时代背景下国家、社会、学校包括教师自身的期望。[②] 教师在

[①] 赵昌木. 论教师信念 [J]. 当代教育科学, 2004 (09): 11-14.
[②] 张静波. 核心素养视域下的教师角色定位研究 [D]. 银川: 宁夏大学, 2018: 22.

教育实践活动中扮演着多重角色，履行着多重责任，教师的角色冲突来源于教师个体不能同时满足多种角色期望而履行不同角色。[①]有学者提出，角色承担者在时间和精力上都有一定的限制，如果不擅长处理角色之间的关系，抑或由于客观体制环境与学术文化环境的不良影响，容易出现角色承担顾此失彼、角色控制与调节不佳等状况。[②]

教师应正确处理外在和内在的角色期待，辩证看待角色期待带来的双重影响。在认识自身教师角色定位、坚定教师职业信念的基础上，正确处理教师角色所承担的责任；在人际交往方面，将自己置于他人的立场上理解他人的意图以及对教师角色期待的根源，了解社会和家长对教师期待的积极方面；同时应辩证看待社会和家长对教师的期待，做好自己的工作，尽教师的责任，既重视社会对教师角色的期待，又考虑本身的专业发展。

（三）积极参与专业学习，追求终身发展

著名教育家陶行知先生说过，要想学生好学，必须先生好学。唯有学而不厌的先生才能教出学而不厌的学生。我们处于知识快速增长、科技不断变革的新时代，相对于学生而言，教师的学科专业理论知识储备量和教育实践经验确实远胜于年龄较小、经验匮乏的学生，但是科技的发展以及互联网技术的覆盖，人们接受知识和获得知识途径也随之扩大，教师的"一桶水"再难以解决学生层出不穷的问题。再者，新课程改革的不断推进对教师提出新要求，新的教育理念冲击着传统的教育理念，教师如果仍固守已有教育经验，那么必将被时代所抛弃。

教师必须与时俱进，不断地学习，不断更新理论知识和教育理念，运用先进的、科学的教育方法进行教育活动。首先，强化自主学习行为。教师不仅面临教育学生的压力，同时要应对同事竞争的压力。通过教师培训、校本研修等方式进行自主学习，不仅能主动获取新的知识，还能够将所学

[①] 靳娟娟,俞国良.教师心理健康问题与调适：角色理论视角的考量[J].教师教育研究,2021,33（06）：45-51.

[②] 李姝婧,康秀云.高校教师角色冲突：样态、成因、调适[J].思想政治教育研究,2020,36（02）：123-127.

的理论与教育实践相结合，构建知识意义，提高专业水平。其次，养成教育反思习惯。"学而不思则罔，思而不学则殆。"进行教育反思有助于教师及时发现教育存在的问题，并加以解决。最后，树立终身学习意识。只有不断学习、不断充实自己、不断更新自己的"一桶水"，才能给予学生新的"一杯水"。

小 结

面对教师角色所承担的个体发展需求和社会高度期待的双重压力，以及实际付出与心理预期的价值落差，有的教师激流勇进，在困难中成长；而有的教师却选择回避现实，以消极的态度敷衍工作。教师的不同选择反映了教师不同的心理品质。教师的职业倦怠感和消极社会心态的形成是受到外在消极文化以及内在价值期待落差的双重影响，教师的职业幸福感难以获得，职业价值实现难以追求。扭转现状的关键在于社会积极文化氛围的营造和教师对待心理落差的正确处理。

通过分析教师另类自我获得的心理与实践，从教师的心态、价值、实践等方面为切入点，研究教师低欲望的职业期待和低姿态的个体认同，剖析教师内心的真实的职业选择与职业态度。在生产力水平高速发展和社会转型的历史背景下，人们对于教育提出了更高的要求，而教师作为学校教育的主体，其心理健康不论是对学生的身心健康成长、履行教书育人的职责，还是对自身价值的实现都间接或直接地产生影响，因此教师心理健康需得到重视。教师的积极心理品质是教师职业幸福感的基石，而追求专业化的成长，是教师享受职业幸福、实现职业价值和人生意义的最主要途径。[①]健全机制为教师提供基础的生存保障，优化管理为教师创设良好的外部环境，让教师能够以积极的心态对待自身职业的发展和成长，追求自身价值的实现和获得职业的幸福感。

---

① 余欣欣，李山.积极心理品质：教师职业幸福感的基石[J].广西师范大学学报（哲学社会科学版），2012，48（2）：88-95.

后　记

　　本书的完成得益于很多人的全力支持，凝聚了我们无数个日夜的心血和精力，是我们这几年来用心耕耘和探索的见证，同时是教师社会心态现状的一个微观视角的揭示。希望我们的艰苦探寻能为广大教育工作者和基础教育的发展提供一些研究的启发和思路。

　　基于教师社会心态的演变现况，本书从多视角切入，对教师社会心态进行探讨及分析，在国内外不同流派学者的研究基础上梳理社会心态演变的规律及表征，分析当下教师身份实践的样态与成因，以微观的视角深入呈现教师个体的工作和生活的现状。全书共七章，主要内容有文献回顾与理论框架，研究目的、准备与伦理，当下教师的身份实践，角色、工作与生活环境，职业心态与流动意向，自我获得的另类方式等。本书不仅对教师社会心态演变的规律展开了理论研究，还通过叙事的方式分析和呈现教师价值认同与职业心态的真实状况，梳理不同教师面对社会变化的不同心态表征及应对姿态。同时，针对面临变化中教师群体容易出现的规避心态提出相应建议，以期帮助相关教师实现社会心态的转变与角色认同的深化。

　　本书紧跟时代的变化与趋向，对教师的社会心态演变进行深入的分析和叙述，内容清晰具体，案例丰富鲜活，能为研究教育变革与发展提供研究的思路和参考。撰写本书的过程十分艰辛，然而我们有幸能得到课题组各位成员、专家以及学校领导的有力支持和帮助，同心协力攻克重重难关，最终顺利完成本书的撰写。同时，我们由衷感谢出版社编辑老师的辛勤工作和严谨的态度，让本书得以顺利出版。由于该研究的视角较新、研究材料等相对有限，加上作者自身水平有限，本书仍有需要商讨的问题与不足之处，恳请广大读者批评指正。

在撰写本书过程中，我们参考了大量文献，获得了很好的启发，吸取了前人的经验结晶，在此由衷感谢广大研究者与相关人士的付出。我们也真心希望本书能带给各位教育工作者一些实实在在的帮助和启发。

作者

2022.11.20